跟我学做一流汽修技师丛书

新能源汽车电气故障诊断技术

鲁建华 著

机械工业出版社

本书以新能源汽车电气故障诊断为主线，主要内容包括新能源汽车概述及电路识读、比亚迪秦 EV 电气故障诊断、比亚迪元 PLUS 电气故障诊断、吉利帝豪 EV450 电气故障诊断、吉利几何 G6 电气故障诊断。本书从低压上电、高压上电、交流充电、舒适系统、灯光系统等主要的电气系统入手，通过整车电气技术概述、控制原理分析、诊断分析思路、故障点分析等步骤，系统梳理故障诊断过程。

本书提供大量实车图片和电路图，可作为广大新能源汽车售后服务人员、职业院校学生的学习用书。

图书在版编目（CIP）数据

新能源汽车电气故障诊断技术 / 鲁建华著. -- 北京：机械工业出版社，2025. 6. --（跟我学做一流汽修技师丛书）. -- ISBN 978-7-111-78694-8

Ⅰ. U472. 41

中国国家版本馆 CIP 数据核字第 2025Y48829 号

机械工业出版社（北京市百万庄大街22号　邮政编码100037）
策划编辑：李崇康　　　　　　　　　　　责任编辑：李崇康
责任校对：王文凭　张雨霏　景　飞　　　封面设计：鞠　杨
责任印制：张　博
北京建宏印刷有限公司印刷
2025年9月第1版第1次印刷
184mm×260mm·11.5印张·234千字
标准书号：ISBN 978-7-111-78694-8
定价：79.90元

电话服务　　　　　　　　　网络服务
客服电话：010-88361066　　机 工 官 网：www.cmpbook.com
　　　　　010-88379833　　机 工 官 博：weibo.com/cmp1952
　　　　　010-68326294　　金 书 网：www.golden-book.com
封底无防伪标均为盗版　机工教育服务网：www.cmpedu.com

前　言

中国汽车产业正在飞速发展，截至 2024 年，汽车产销量连续十六年位居世界第一。据中国汽车工业协会统计数据显示，2024 年，我国新能源汽车销量 1286.6 万辆，占我国汽车总销量的 40.9%，逐步进入全面市场化拓展期。随着新能源汽车保有量的不断增加，行业市场规模持续扩大，展现出巨大的发展潜力。相应地，对新能源汽车售后维修技能人才的需求也不断扩大。

在新能源汽车维修中，电气系统诊断一直是汽车维修人员所欠缺的技能，特别是老一批通过师带徒方式获取维修技能的维修人员，对机械拆装检修比较擅长，但诊断电气系统故障的能力有所欠缺。随着汽车技术的不断发展和新能源汽车产业的不断扩大，电气系统在售后维修中占比越来越大。

为了适应新能源汽车维修技术的不断发展，帮助更多汽车维修从业人员掌握新能源汽车电气系统故障诊断技术，作者编写了本书，选取比较主流的新能源车型，从低压上电、高压上电、交流充电、舒适系统、灯光系统等主要的电气系统入手，梳理故障诊断过程。本书可帮助维修人员掌握新能源汽车电气系统故障诊断的基本思路、测量方法，提高维修人员新能源汽车电气系统诊断能力。

本书由浙江工业职业技术学院鲁建华编著，在写作过程中，得到了浙江工业职业技术学院吴壮文、郑尧军等人的指导和帮助，在此表示感谢。

由于作者水平有限，书中难免存在疏漏之处，欢迎广大读者批评指正。

作者

目 录

新能源汽车电气故障诊断技术

第一章 新能源汽车概述及电路识读

第一节 新能源汽车概述

一、新能源汽车发展概况

世界上第一辆电动汽车是由法国发明家古斯塔夫·特鲁维于1881年利用改进型铅酸电池和西门子电动机打造的三轮汽车。La Jamais Contente（法语：永不满足）是第一辆速度超过100 km/h的公路行驶车辆，这是一辆车身形状类似鱼雷的电动汽车，如图1-1所示，1899年创造了105.8km/h的速度纪录。但由于不成熟的电池技术和续驶里程的限制，电动汽车的发展陷入停滞。

图1-1 La Jamais Contente 电动汽车

近年来，随着全球能源危机和环保要求的提升以及新能源汽车技术的发展，公众对新能源汽车接受度提高，新能源汽车又重新进入公众视野。2009 年，科技部、财政部、国家发展改革委、工业和信息化部共同启动十城千辆节能与新能源汽车示范推广应用工程。之后，国家又通过补贴政策支持新能源汽车发展。2012 年，国务院发布《节能与新能源汽车产业发展规划（2012—2020 年）》，指出加快培育和发展节能汽车与新能源汽车，既是有效缓解能源和环境压力，推动汽车产业可持续发展的紧迫任务，也是加快汽车产业转型升级、培育新的经济增长点和国际竞争优势的战略举措。2021 年，国务院发布《新能源汽车产业发展规划（2021—2035 年）》，指出发展新能源汽车是我国从汽车大国迈向汽车强国的必由之路，是应对气候变化、推动绿色发展的战略举措。2024 年，我国新能源汽车销量 1286.6 万辆，逐步进入全面市场化拓展期。

二、新能源汽车主要分类

新能源汽车从广义上可以分为纯电动汽车、混合动力汽车、增程式电动汽车、燃料电池汽车、其他燃料（指除汽油、柴油之外的燃料）汽车等。平时所说的新能源汽车，主要指纯电动汽车和混合动力汽车。

三、新能源汽车基本结构

新能源汽车根据不同的类型，其结构有较大区别，下面以主流的纯电动汽车为例来进行梳理。

纯电动汽车基本结构如图 1-2 所示。

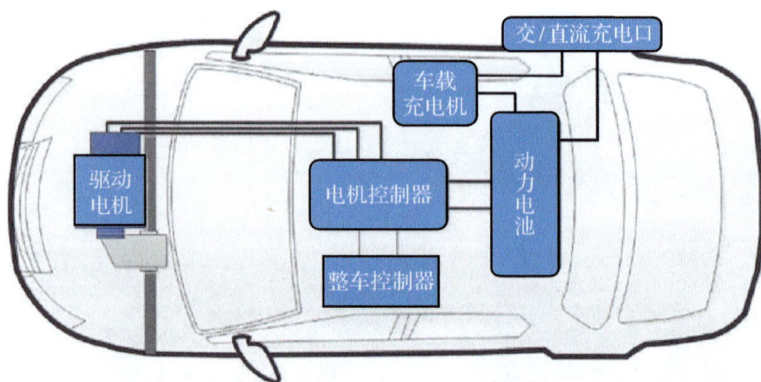

图 1-2　纯电动汽车基本结构

纯电动汽车主要包括动力电池、电池管理系统（BMS）、驱动电机、电机控制器（PEU）、整车控制器（VCU）、高压配电系统、充电系统等部件。

动力电池一般采用三元锂电池或磷酸铁锂电池，动力电池总成多数安装在车体下部，组成部件包括各模组总成、单体采集系统（CSC）、电池管理系统、电池高压分配单元等部件。BMS能够对动力电池组总电压、总电流、每个检测点的温度和电池单体的电压参数进行实时监控，并进行故障诊断、荷电状态（SOC）计算、短路保护、漏电监测、报警提示、充放电模式选择等。BMS可以将动力电池相关参数上报VCU，由VCU控制动力电池的充电和放电功率。

驱动电机在目前主流新能源汽车上一般采用永磁同步电机。PEU根据检测到的电机转速和输入的参考转速，通过速度调节器计算得到目标转矩，通过力矩解耦算法得到定子电流参考输入。

高压配电系统由动力电池为电机控制器、电动压缩机、PTC加热器等高压部件提供能量。此外，动力电池还有一套直流快充和交流慢充充电系统。所有的高压部件都由高压配电系统连接输送电能。GB 18384—2020《电动汽车安全要求》标准规定，B级电压（直流60V<U≤1500V，交流30V<U≤1000V）电路中电缆和线束的外皮应用橙色加以区别。

充电系统包括直流充电和交流充电，充电口根据不同车型安装位置不同。

直流充电：当充电枪连接到整车直流充电插座，直流充电设备向BMS发送充电唤醒信号，BMS开始工作并进行自检，若自检无异常，同时BMS接收到充电连接确认信号以及充电报文，BMS闭合快充接触器、主负接触器，开始充电。充电完成后，BMS向充电桩发送充电停止指令，待充电桩停止充电后，BMS切断快充接触器、主负接触器，充电结束。

交流充电：车载充电机（OBC）唤醒VCU，当VCU获取到OBC发出的交流充电连接确认信号（CC/CP）、BMS发出的高压互锁状态正常、SOC小于100%以及车辆位于P位且无预约充电时，向BMS发送充电许可信号，然后BMS闭合主负接触器和预充接触器，进行预充，预充完成后，闭合主正接触器并断开预充接触器，开始充电。充电开始后，当OBC收到VCU的交流充电命令后内部DC/DC变换器开始工作为低压蓄电池充电。充电完成后VCU停止DC/DC变换器工作，然后向BMS发送断开接触器命令。充电结束。

四、新能源汽车高压断电流程

新能源汽车动力电池电压一般在400V以上，所以对高压系统进行操作之前，需要按要求进行高压断电流程操作。

高压断电一般流程：首先作业区域需要设置相应的隔离措施，并放置警示牌，提醒周围人员不要进入维修区域。断电流程是首先关闭车辆电源，将钥匙妥善放置。然后断开低压蓄电池负极,并对负极进行防护,防止误接通。由于电机控制器内部有电容,当主动放电正常时,在 3s 内高压系统电压可降至安全电压以下;当主动放电存在异常时,只能通过被动放电,此时最长会在 5min 内降至安全电压以下;所以在断开低压蓄电池负极后需要等待 5min,方可进行下一步操作。在等待过程中,可检查并穿戴绝缘防护用品,包括绝缘鞋、安全帽、护目镜、绝缘手套等,并且不得佩戴金属饰品。在等待 5min 后,断开高压母线插头并进行验电,确认电压已降到安全电压以下后,对高压母线插头进行防护。

不同品牌车辆对高压断电流程有不同规定,在涉及具体车型时,需要结合该车型的维修手册,按照规定执行高压断电流程操作。

第二节　比亚迪车型电路识读

一、比亚迪车型电路识读基础

1. 线色标准

线色标准见表 1-1。

表 1-1　比亚迪车型线色标准表

代码	B	L	Br	G	Gr	R	V	W	Y	Lg	O	P
颜色	黑	蓝	棕	绿	灰	红	紫	白	黄	浅绿	橙黄	粉红

2. 电路图中编码含义

以比亚迪秦 EV 为例,该车型有两个配电盒,分别是位于机舱左侧的前舱配电盒和位于仪表台左侧下方的仪表板配电盒。线束则根据区域主要分为前舱线束、仪表板线束、地板线束、各车门线束、顶棚线束、后保险杠线束、各搭铁线束等。

(1)熔丝和继电器代码

1)熔丝代码举例:F2/16,F 表示熔丝,2 表示仪表板配电盒,16 表示配电盒内序号为 16 的熔丝。

2)继电器代码举例:K1-3,K 表示继电器,1 表示前舱配电盒,3 表示配电盒内序号为 3 的继电器。

(2)线束名称代码

线束名称代码见表 1-2。

表 1-2　比亚迪车型线束名称代码表

代码	B	G	K	T/U/V/W	P	R
名称	前舱线束	仪表板线束	地板线束	各车门线束	顶棚线束	后保险杠线束

相应线束的负极则在前面加上代码 E，并且线束代码本身字母小写。具体线束负极名称代码见表 1-3。

表 1-3　比亚迪车型线束负极名称代码表

代码	Eb	Eg	Ek
名称	前舱线束负极	仪表板线束负极	地板线束负极

（3）线束插接器代码

线束插接器一般有两种类型，一种是线束与配电盒或控制单元之间连接的插头，一种是线束与线束之间的对接插头。

1）线束与配电盒或控制单元之间插接器举例。

B1C/30：B 表示前舱线束，1 表示前舱配电盒，C 表示前舱配电盒上 C 位置插口，30 表示该插口上的 30 号针脚。完整的表述就是，前舱线束与前舱配电盒上 C 插口连接的 30 号针脚。

K2G/8：K 表示地板线束，2 表示仪表板配电盒，G 表示仪表板配电盒上 G 位置插口，8 表示该插口上的 8 号针脚。完整的表述就是，地板线束与仪表板配电盒上 G 插口连接的 8 号针脚。

KG25（A）/12：KG25（A）表示智能钥匙控制器 A 插头，12 表示该插头上 12 号针脚。第一个字母表示该插头所处的大致区域，如 K 表示该插头位于地板区域。又比如 B30，表示驱动电机控制器插头，B 表示该插头位于前舱区域。如果连接线束主要位于该插头所在区域，则没有第二个字母；如果连接线束有较大的一部分位于其他区域，则加上第二个字母，如 KG25，表示该插头位于地板区域，同时该连接线束有较大一部分连接到仪表板区域。

主要的控制单元插头代码见表 1-4。

表 1-4　比亚迪车型主要的控制单元插头代码表

控制单元名称	VCU	PEU	BMS	IKEY	仪表	充配电总成	网关
插头代码	GK49	B30	BK45A/B	KG25A/B	G01	BK46	G19

2）线束与线束之间插接器举例。

GJB03/35：G 表示仪表板线束，J 表示连接，B 表示前舱线束，03 表示仪表板线束与前舱线束插接器中的排序代码为 03，35 表示该插接器上的 35 号针脚。完整的表述就是，仪表板线束与前舱线束连接的 03 号插头的 35 号针脚。

（4）线束连接节点代码

线束连接节点代码用 SP+ 数字表示，如 SP408、SP3735。

二、比亚迪车型电路特点

1. 比亚迪车型电路布局

比亚迪车型电路的布局，第一部分为继电器、熔丝布置图，第二部分为整车线束图，第三部分为电器原理图。通过第一部分继电器、熔丝位置分布图，可以了解相应车型有几个配电盒、大致所在位置，以及配电盒内继电器、熔丝、插头的分布和名称及代码。通过第二部分整车线束图，可以了解相应车型有哪些线束、对应线束上的插接器、插头的样式及针脚布置，同时通过线束整体位置图可以大致判断出插接器在车辆上所处的位置。通过第三部分电器原理图，可以了解每一部分电路的具体针脚、连接情况等，这一部分是整个电路的核心，是对相应车型电路研究的重点。

2. 比亚迪车型继电器、熔丝布置图

以比亚迪秦 EV 为例，前舱配电盒如图 1-3 所示。

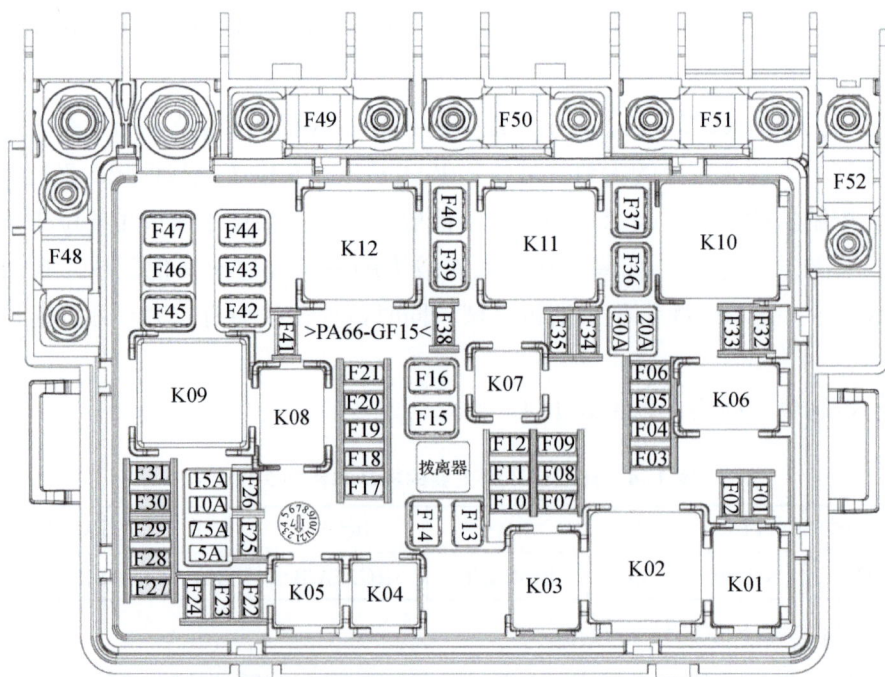

图 1-3　比亚迪秦 EV 前舱配电盒

仪表板配电盒如图 1-4 所示。

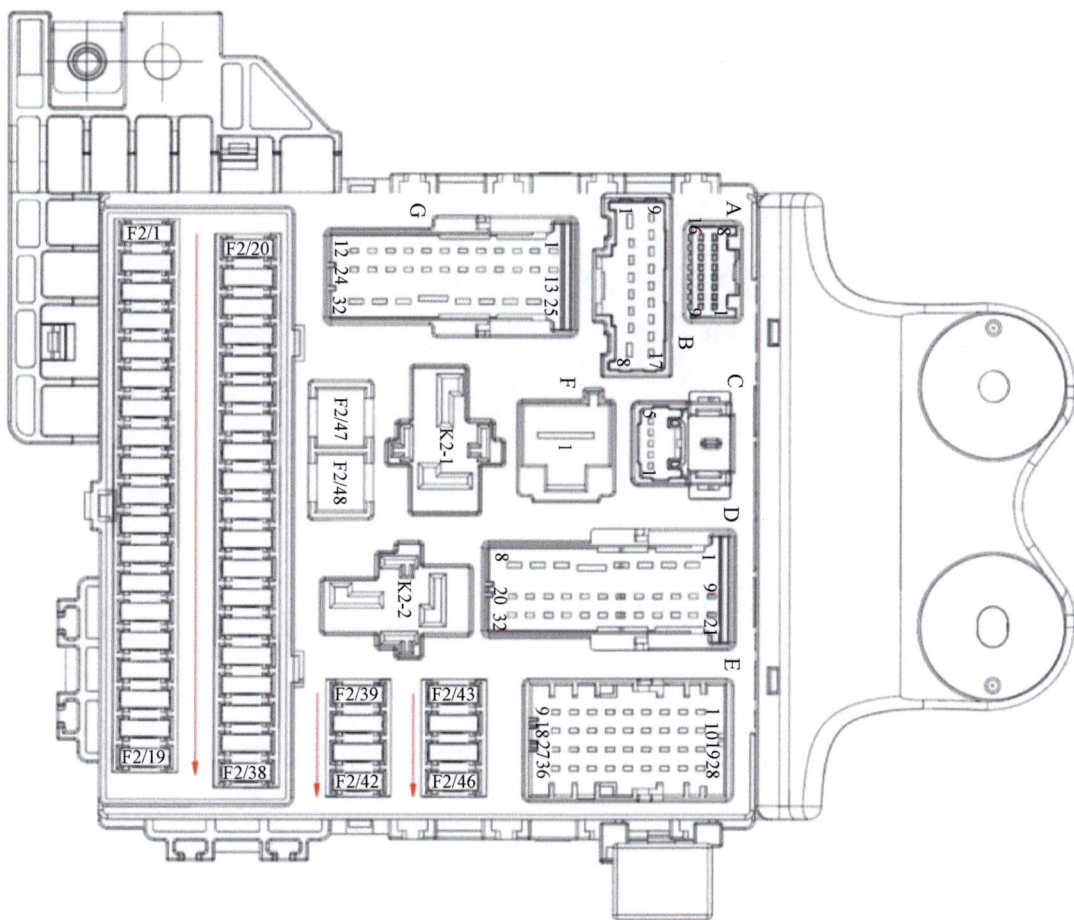

图 1-4 比亚迪秦 EV 仪表板配电盒

3. 比亚迪车型整车线束图

以比亚迪秦 EV 为例，前舱线束如图 1-5 所示。

仪表板线束如图 1-6 所示。

地板线束如图 1-7 所示。

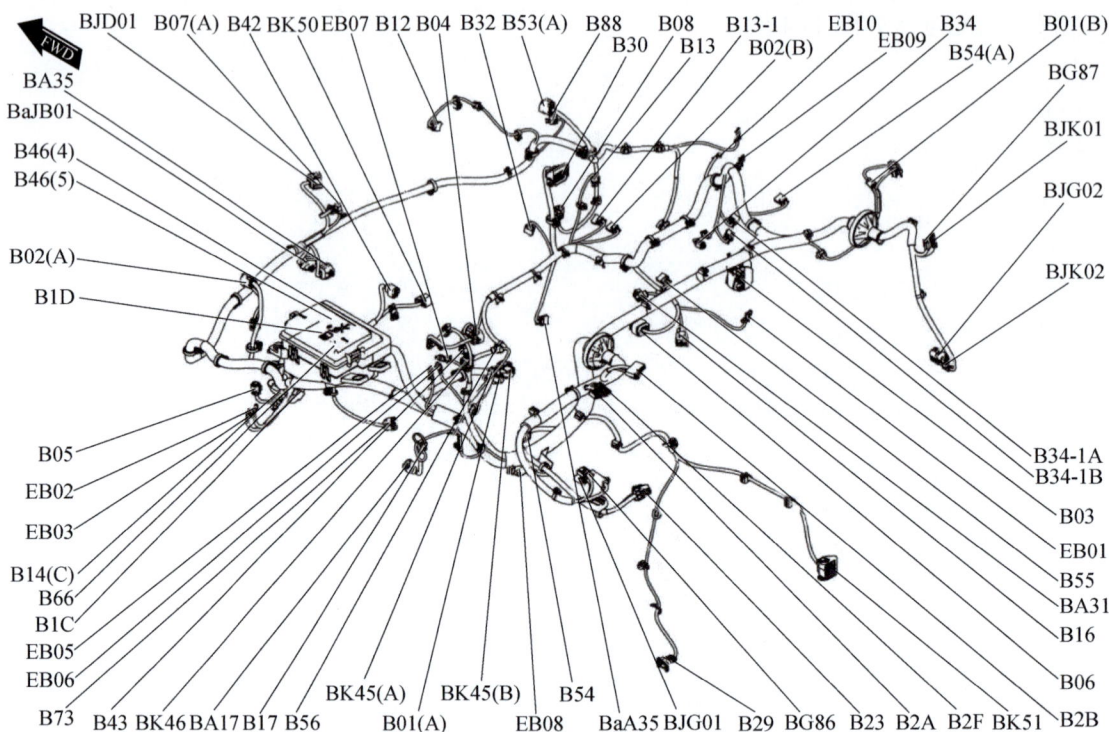

图 1-5 比亚迪秦 EV 前舱线束

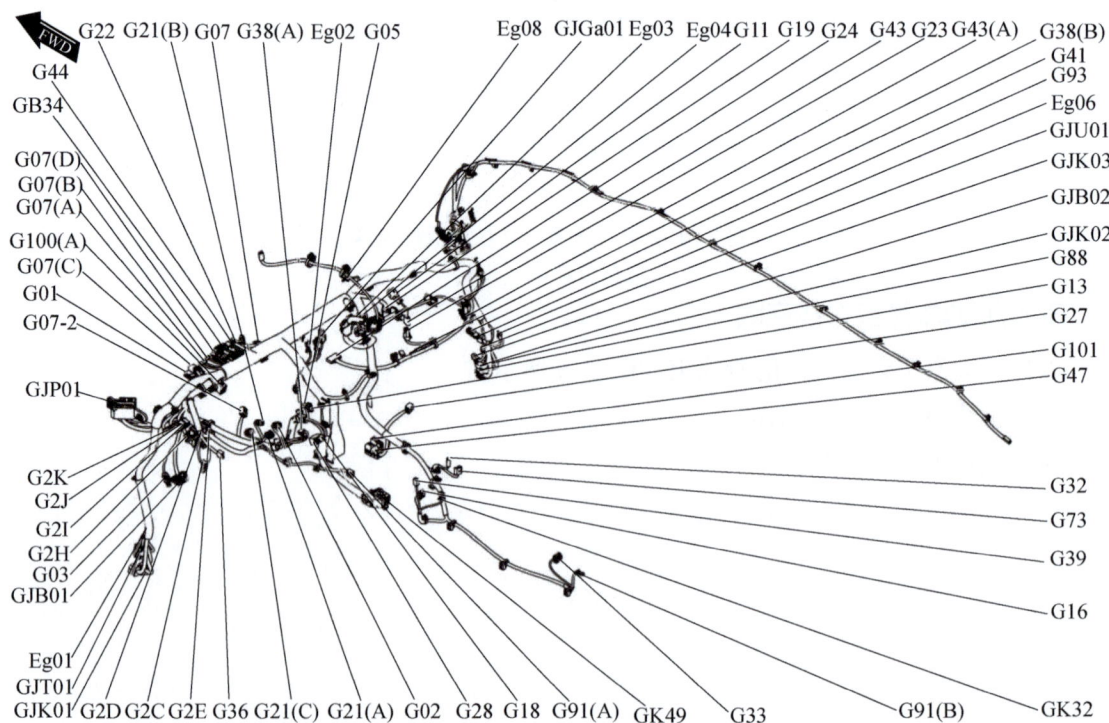

图 1-6 比亚迪秦 EV 仪表板线束

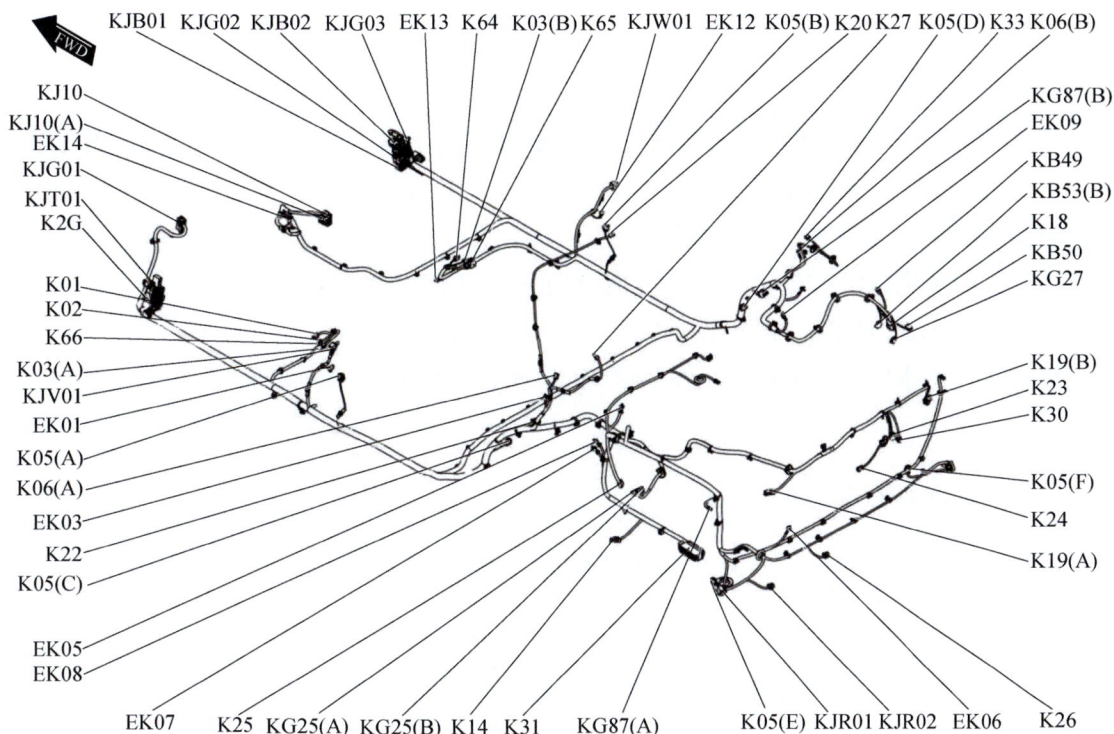

图 1-7　比亚迪秦 EV 地板线束

第三节　吉利车型电路识读

一、吉利车型电路识读基础

1. 线色标准

线色标准见表 1-5。

表 1-5　吉利车型线色标准表

代码	B	L	Br	G	Gr	O	P	R	V	W	Y	C
颜色	黑	蓝	棕	绿	灰	橙	粉	红	紫	白	黄	浅蓝

2. 电路图中编码含义

以吉利帝豪 EV450 为例，该车型有两个配电盒，分别是位于机舱左侧的前舱配电盒和位于仪表台左侧下方的仪表板配电盒。线束则根据区域和功能主要分为前舱线束、动力线束、仪表线束、底板线束、门线束、顶棚线束等。

（1）熔丝和继电器代码

1）AM 表示机舱配电盒片式熔丝，SF 表示前舱配电盒大号熔丝（注意在车辆配电盒盖板上标注为 SB），EF 表示前舱配电盒中号熔丝，IF 表示仪表板配电盒熔丝（注意在车辆配电盒盖板上标注为 RF）。

熔丝代码举例：SF12，表示前舱配电盒内序号为 12 的大号熔丝。

2）ER 表示前舱配电盒继电器，IR 表示仪表板配电盒继电器。

继电器代码举例：ER05，表示前舱配电盒内序号为 05 的继电器。

（2）线束名称代码

线束名称代码见表 1-6。

表 1-6　吉利车型线束名称代码表

代码	CA	BV	IP	S0	DR	RF
名称	前舱线束	动力线束	仪表线束	底板线束	门线束	顶棚线束

吉利车型的负极端子用字母 G+ 两位数字表示，如 G09、G28。

（3）线束插接器代码

线束插接器一般有两种类型，一种是线束与控制单元之间连接的插头，一种是线束与线束之间的对接插头。

1）线束与控制单元之间插接器。

线束与控制单元之间插接器的代码，前两个字母用控制单元连接线束所在区域的线束代码表示，后面再加两位数字来区分同一区域内的不同控制单元。

举例：IP27，表示电子驻车制动（EPB）控制单元；IP01，表示组合仪表；这两个控制单元都与仪表线束相连。

主要的控制单元插头代码见表 1-7。

表 1-7　吉利车型主要的控制单元插头代码

控制单元名称	VCU	PEU	BMS	BCM	仪表	OBC
插头代码	CA66	BV11	CA69	IP20a/IP21a/IP22a/IP23	IP01	BV10

2）线束与线束之间插接器。

线束与线束之间插接器的代码，插头和插座分开表示。表示方法同样是用两位字母加两位数字。

举例：线束与线束之间插接器示例如图 1-8 所示。图中画圈部分插接器，上半部分代码为 CA58/15，下半部分代码为 BV01/15，说明上半部分插头连接的线路来自前舱线束，下半部分插头连接的线路来自动力线束。

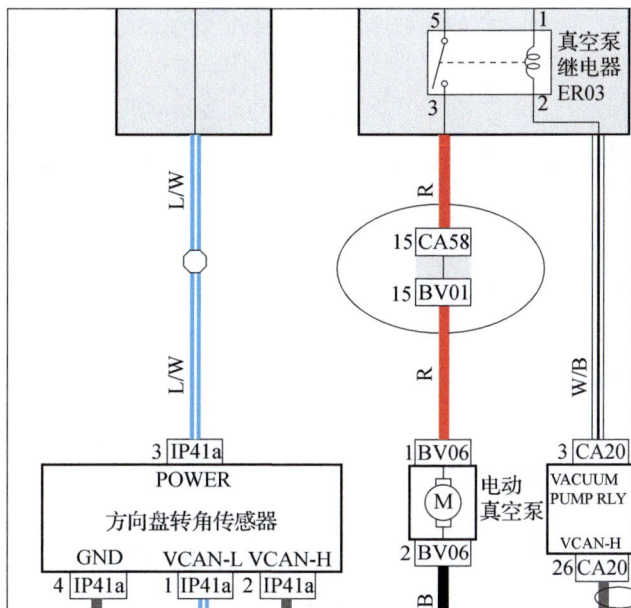

图 1-8　线束与线束之间插接器示例

二、吉利车型电路特点

1. 吉利车型电路布局

吉利车型电路的布局，第一部分为继电器、熔丝布置图，第二部分为线束布置图，第三部分为接地布置图，第四部分为电源分布图，第五部分为系统电路图。通过第一部分继电器、熔丝布置图，可以了解相应车型有几个配电盒、大致位置以及配电盒内继电器、熔丝分布。通过第二部分线束布置图，可以了解相应车型有哪些线束、对应的线束连接哪些部件等。通过第三部分接地布置图，可以了解相应车型有哪些接地点，以及所在的位置。通过第四部分电源分布图，可以了解相应车型整体电源结构。通过第五部分系统电路图，可以了解每一部分电路的具体针脚、连接情况等，这一部分是整个电路的核心，是对相应车型电路研究的重点。

2. 吉利车型继电器、熔丝布置图

以吉利帝豪 EV450 为例，前舱配电盒如图 1-9 所示。

仪表板配电盒如图 1-10 所示。

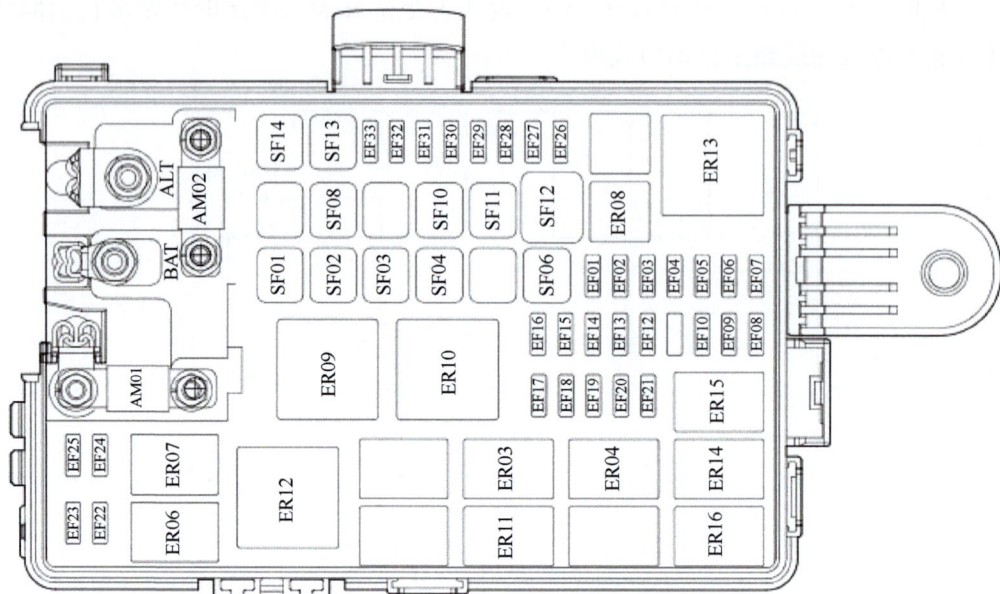

图 1-9　吉利帝豪 EV450 前舱配电盒

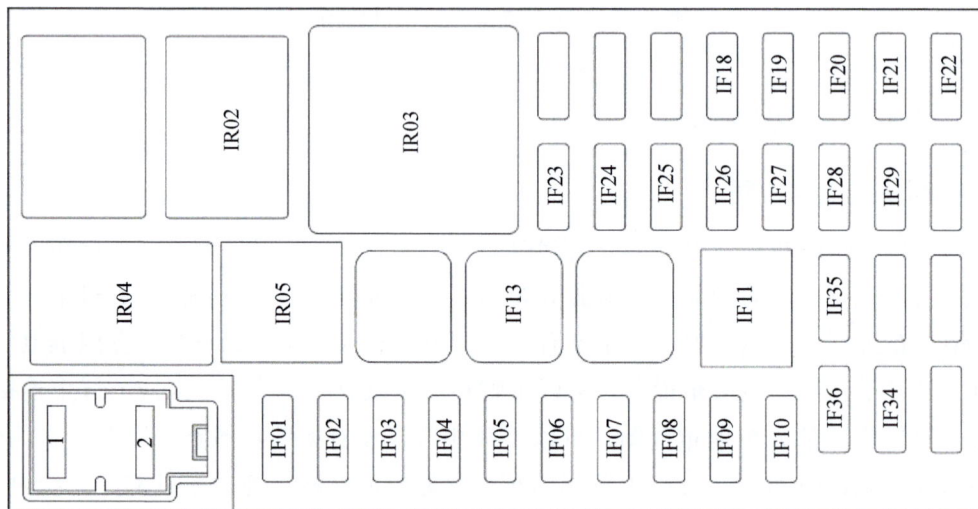

图 1-10　吉利帝豪 EV450 仪表板配电盒

3. 吉利车型整车线束图

以吉利帝豪 EV450 为例，前舱线束如图 1-11 所示。

仪表线束如图 1-12 所示。

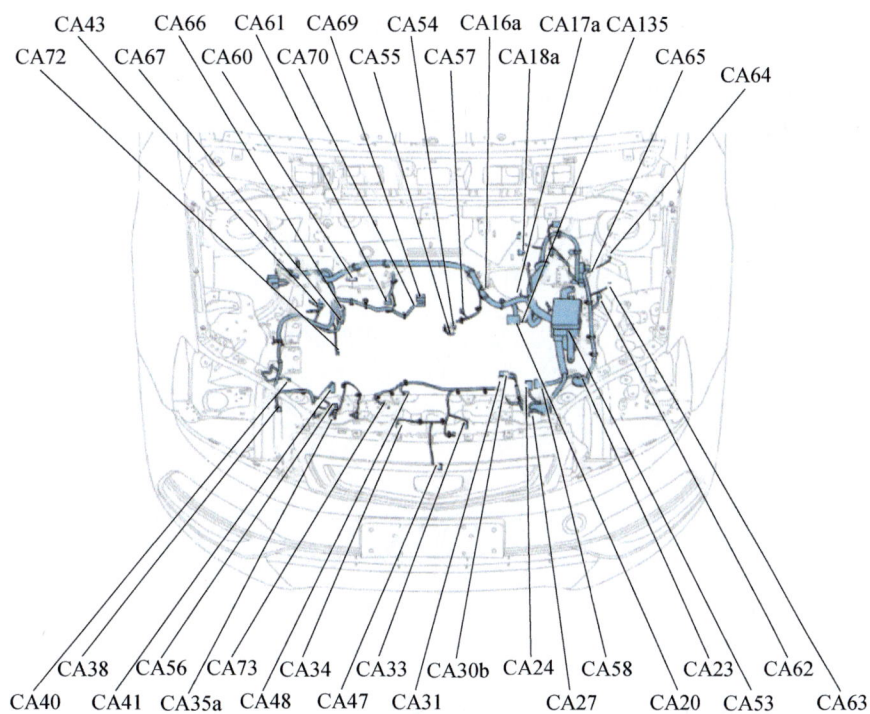

CA43　CA66　CA61　CA69　CA54　CA16a　CA17a CA135
CA72　CA67　CA60　CA70　CA55　CA57　CA18a　　CA65
　　　　　　　　　　　　　　　　　　　　　　　CA64

CA38　CA56　CA73　CA34　CA33　CA30b　CA24　CA58　　CA23　CA62
CA40　CA41　CA35a　CA48　CA47　CA31　　　CA27　　CA20　CA53　CA63

图 1-11　吉利帝豪 EV450 前舱线束

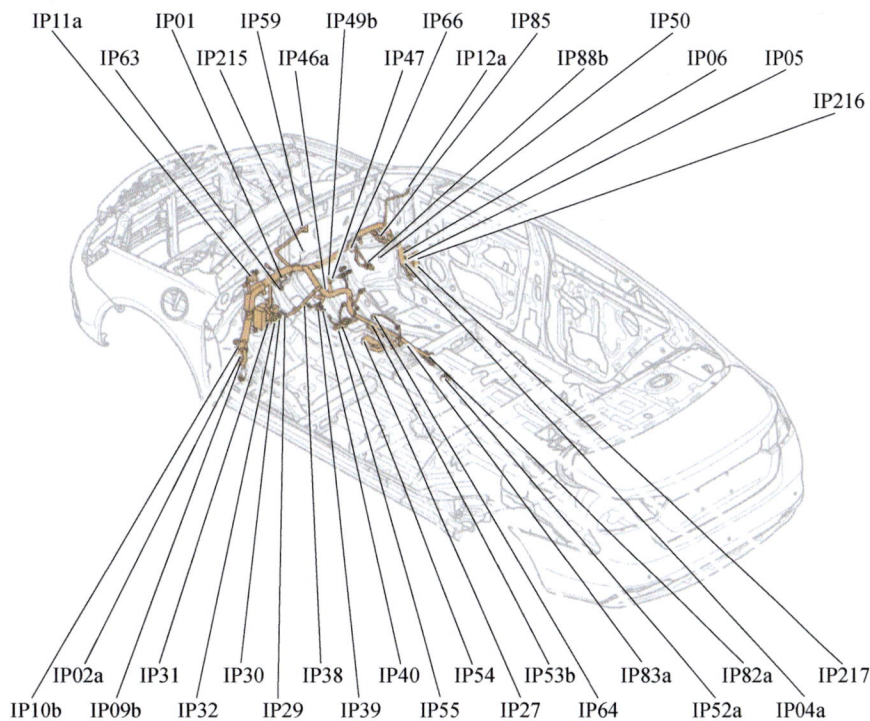

IP11a　IP01　IP59　IP49b　IP66　IP85　　IP50
IP63　IP215　IP46a　IP47　IP12a　IP88b　IP06　IP05
　　　　　　　　　　　　　　　　　　　　　　　IP216

IP02a　IP31　IP30　IP38　IP40　IP54　IP53b　IP83a　IP82a　IP217
IP10b　IP09b　IP32　IP29　IP39　IP55　IP27　IP64　IP52a　IP04a

图 1-12　吉利帝豪 EV450 仪表线束

底板线束如图 1-13 所示。

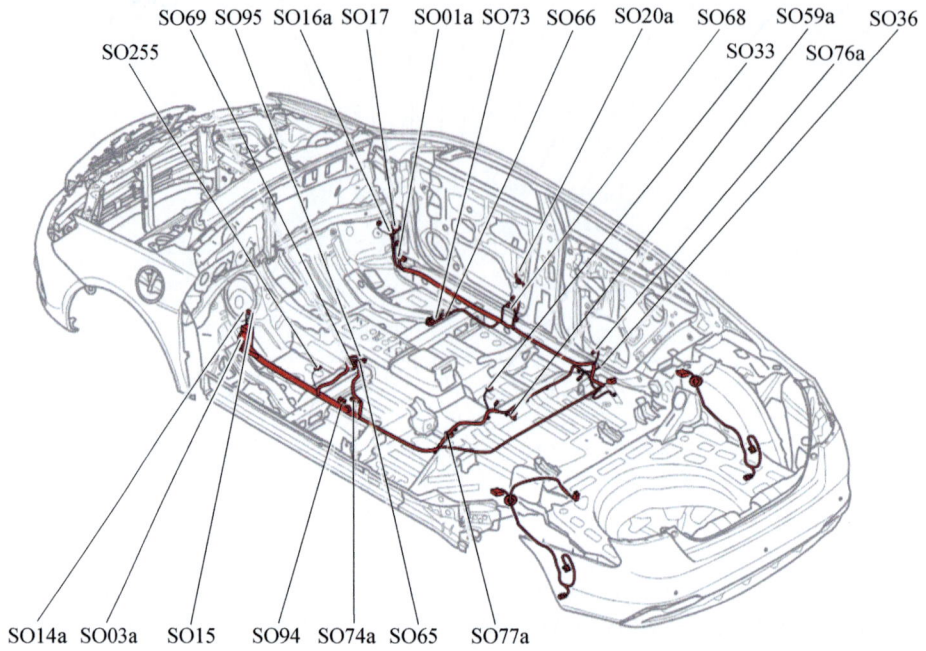

图 1-13　吉利帝豪 EV450 底板线束

第二章 比亚迪秦 EV 电气故障诊断

第一节 比亚迪秦 EV 车型电气技术概述

一、整车概述

比亚迪秦 EV 是一款比亚迪王朝系列紧凑型纯电动汽车，如图 2-1 所示。动力电池采用磷酸铁锂电池，电池采用液冷方式冷却，快充时间为 1.3h，电池能量为 47.53~53.56kW·h，能量密度为 140W·h/kg。驱动电机采用永磁同步电机，驱动电机最大功率为 100kW，最大转矩为 180N·m。NEDC（欧洲续驶测试工况标准）纯电续驶里程为 405~450km，百公里电耗为 11.8~12.2kW·h。

图 2-1　比亚迪秦 EV 车型外观

二、整车供电

比亚迪秦 EV 整车低压供电架构如图 2-2 所示，蓄电池正极首先到达前舱配电盒，经过配电盒内的 F1/48 熔丝后，一路给前舱配电盒供电，一路经过 F1/50 熔丝后去往仪表板配电盒，一路经过 F1/51 熔丝后去往电动助力转向管柱总成（CEPS）。DC/DC 变换器发出的电到达前舱配电盒后，连接在 F1/48 后端，与蓄电池（含 F1/48）并联给前舱配电盒、仪表板配电盒、CEPS 供电。整车低压供电架构实物如图 2-3 所示。

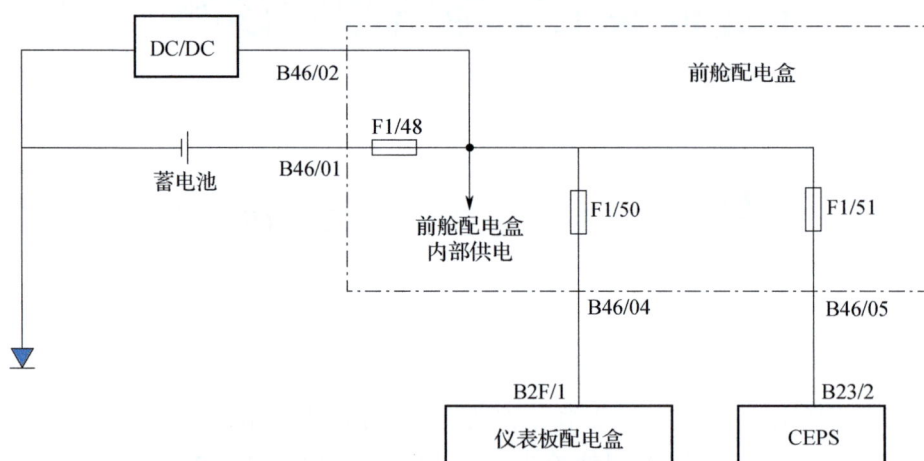

图 2-2　比亚迪秦 EV 整车低压供电架构

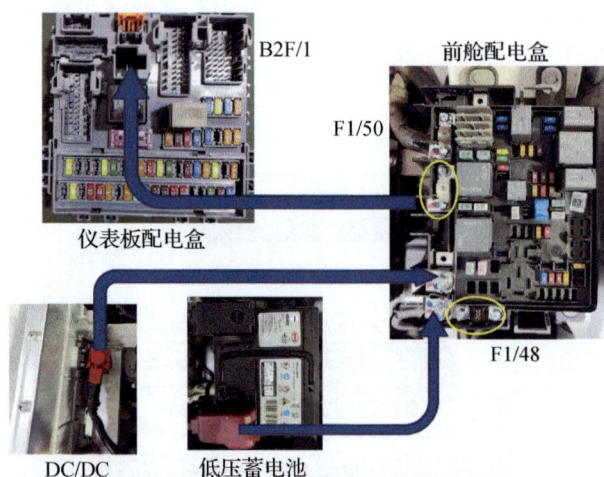

图 2-3　比亚迪秦 EV 整车低压供电架构实物图

比亚迪秦 EV 整车高压供电架构如图 2-4 所示，动力电池的高压由高压母线输出，连接到充配电总成。对外输出五路高压线束连接，分别连接到压缩机、PTC、交流充电口、直流充电口、电机控制器（PEU）。高压充配电总成内部结构实物如图 2-5 所示。

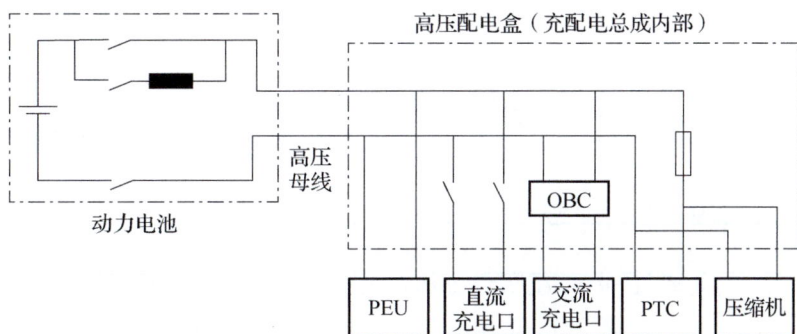

图 2-4 比亚迪秦 EV 整车高压供电架构

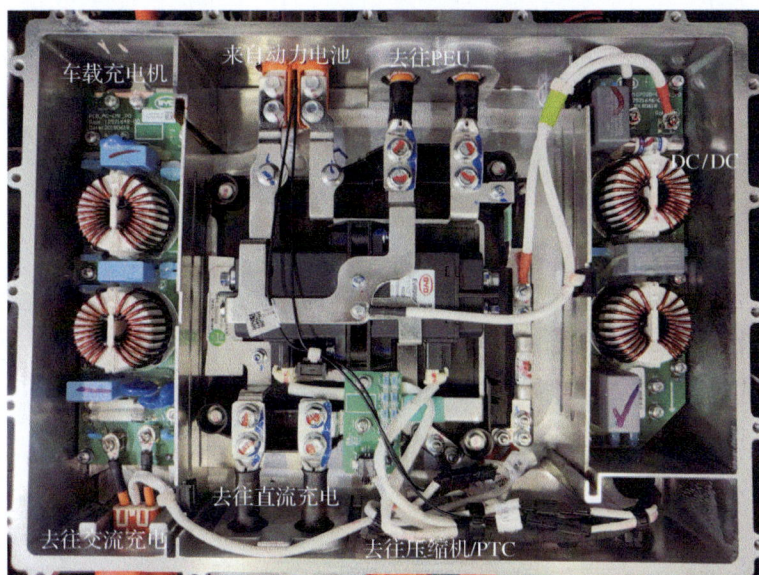

图 2-5 比亚迪秦 EV 高压充配电总成内部结构实物图

三、整车网络

比亚迪秦 EV 整车网络分为 ESC 网、动力网、舒适网 1、舒适网 2，以及启动子网、电池子网，具有独立的网关。诊断仪对车辆进行诊断时，通过位于诊断口的 ESC 网与车辆进行通信。其中对于 ESC 网的模块直接进行通信，对于动力网、舒适网 1、舒适网 2 的模块则通过网关中转后进行通信。车身控制模块（BCM）同时连接动力网和舒适网 1，这使得不论是上低压还是上高压，BCM 都可以直接与相关模块进行信息交换，而不需要经过网关中转，诊断仪通过舒适网 1 对 BCM 进行诊断。

1. 诊断口

诊断口系统如图 2-6 所示，诊断口为国际标准 OBD-Ⅱ诊断接口，连接有 ESC 网、动力网、舒适网 1、舒适网 2 等网络。

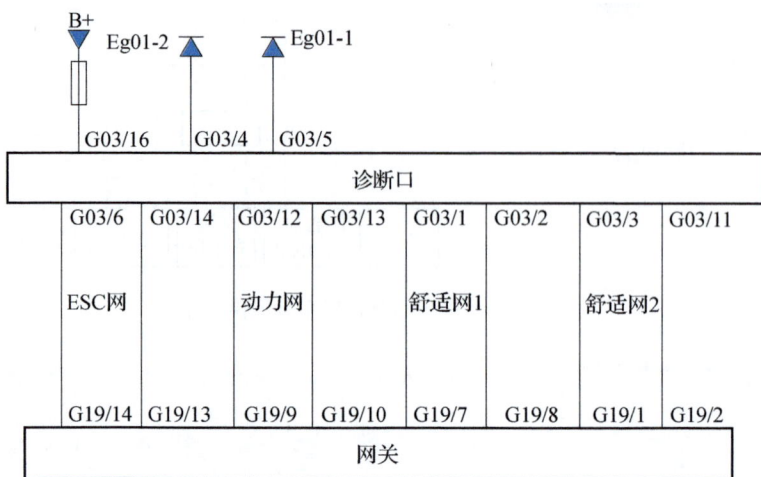

图 2-6   诊断口系统图

2. ESC 网

ESC 网系统如图 2-7 所示，包括 4G 模块、主机、车身电子稳定系统（ESP）、电子驻车制动系统（EPB）、CEPS、胎压监测等。终端电阻一端位于网关内，另一端单独位于右 C 柱中间位置。

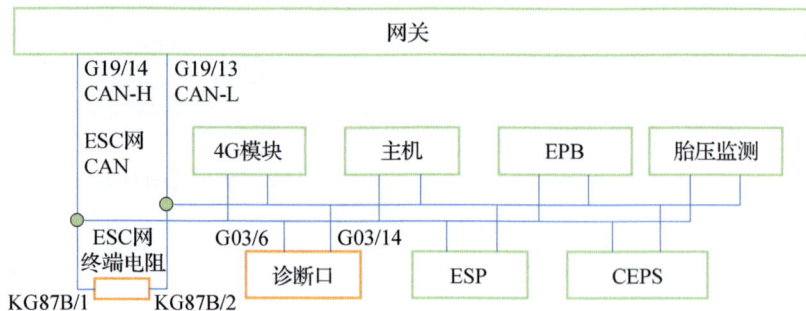

图 2-7   ESC 网系统图

3. 动力网

动力网系统如图 2-8 所示，包括 BCM、VCU、PEU、BMS、电池包（连接在电池子网、充配电总成、组合仪表、档位传感器等）。终端电阻一端位于网关内，另一端位于 BMS 内。

4. 舒适网 1

舒适网 1 系统如图 2-9 所示，包括安全气囊（SRS）、组合开关、BCM、IKEY（连接在启动子网上）、驻车辅助、左前玻璃升降器开关（带防夹）等。终端电阻一端位于网关内，另一端单独位于左后轮罩上方位置。

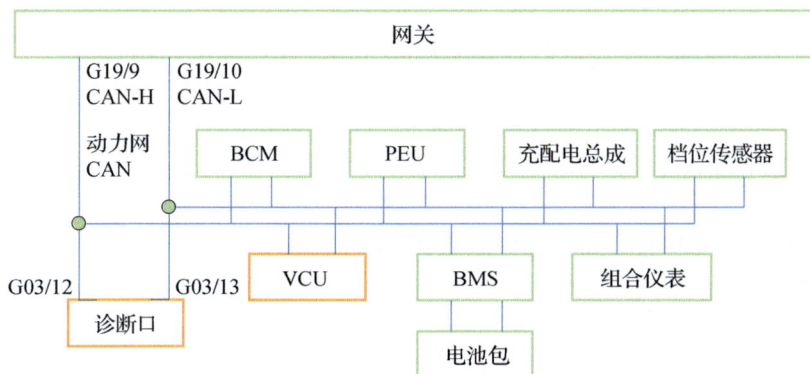

图 2-8　动力网系统图

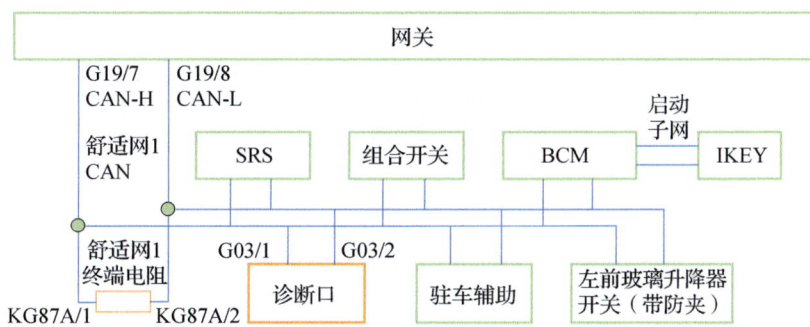

图 2-9　舒适网 1 系统图

5. 舒适网 2

舒适网 2 系统如图 2-10 所示，包括空调、压缩机、PTC、4G 模块、主机、中控台开关等。终端电阻一端位于网关内，另一端单独位于右 A 柱上方位置。

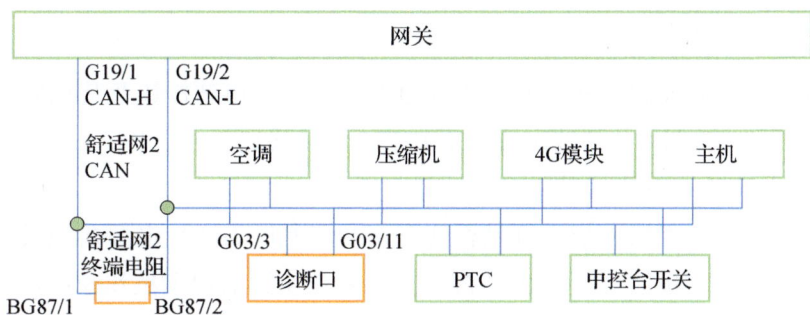

图 2-10　舒适网 2 系统图

第二节　比亚迪秦 EV 低压不上电故障诊断

一、控制原理分析

比亚迪秦 EV 低压电源接通过程原理如图 2-11 所示。

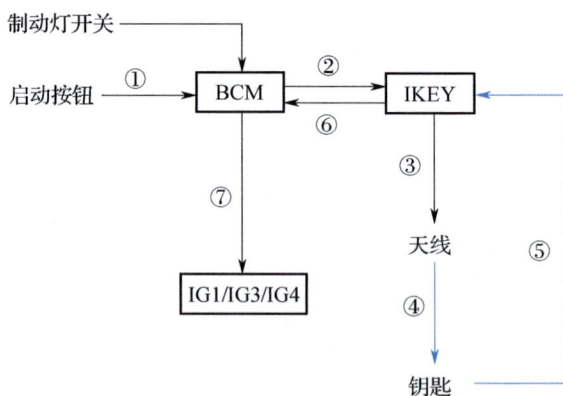

图 2-11　比亚迪秦 EV 低压电源接通过程原理图

低压电源接通过程为：①踩下制动踏板，同时按下启动按钮，制动灯开关和启动按钮信号发送给 BCM →② BCM 通过启动子网 CAN 询问 IKEY →③ IKEY 控制其所连接的天线→④天线发送低频信号激活钥匙→⑤钥匙发送高频信号将信息反馈给 IKEY →⑥ IKEY 通过启动子网 CAN 将钥匙信息反馈给 BCM →⑦ BCM 确认钥匙合法后，控制接通 IG1/IG3/IG4 继电器，完成低压电源接通过程。

二、诊断分析思路

根据低压电源接通控制流程，要正常接通电源，需要启动按钮及其线路正常，制动灯开关及其线路正常，BCM 及其线路正常，IKEY 及其线路正常，BCM 与 IKEY 之间的启动子网 CAN 正常，天线及钥匙正常。

通过按压门把手观察钥匙指示灯是否能亮来初步判断 IKEY 电源接地及 IKEY 本身是否正常，通过按压启动按钮观察仪表是否有提示来初步判断启动按钮及线路是否正常。

三、故障点分析

1. 启动子网 CAN-H 断路故障

（1）故障现象描述

1）踩下制动踏板，制动灯点亮。

2）按下启动按钮，钥匙指示灯不闪，仪表显示"未检测到钥匙"，如图 2-12 所示。

图 2-12　仪表显示"未检测到钥匙"

3）按压钥匙解锁落锁按钮，进行遥控操作，钥匙指示灯闪烁，门锁不动作。

4）按压左前门把手按钮，进行无钥匙进入操作，钥匙指示灯闪烁，门锁不动作。

（2）通过分析得出故障可能原因

现象①：踩下制动踏板，制动灯点亮；现象②：按下启动按钮，钥匙指示灯不闪，仪表显示"未检测到钥匙"；说明制动信号和启动按钮信号正常，且 BCM 及其电源正常，同时仪表及 BCM 到仪表之间的通信正常。

现象③：按压钥匙解锁落锁按钮，进行遥控操作，钥匙指示灯闪烁，门锁不动作；现象④：按压左前门把手按钮，进行无钥匙进入操作，钥匙指示灯闪烁，门锁不动作；说明钥匙本身、门把手按钮及其线路、IKEY 及电源基本正常。

综上，故障可能原因：

1）BCM 到 IKEY 之间启动子网 CAN 故障。

2）BCM 局部故障。

3）IKEY 局部故障。

（3）维修资料查阅

查阅电路图，启动子网 CAN 故障相关部分电路如图 2-13 所示。

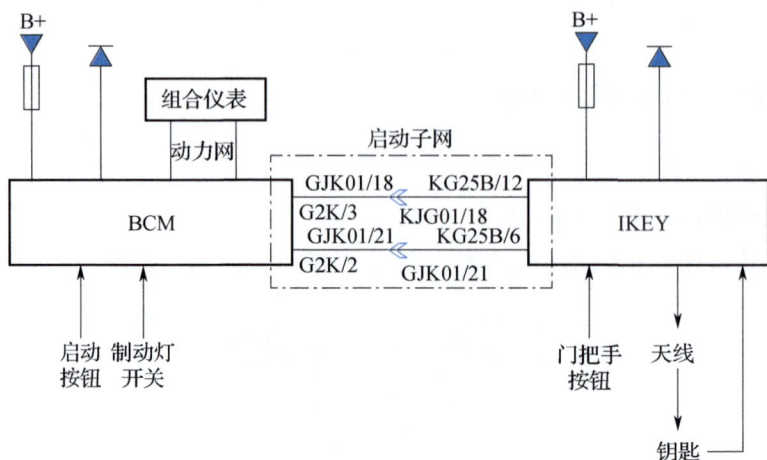

图 2-13　启动子网 CAN 故障相关部分电路

（4）过程数据记录

1）按压启动按钮或操作钥匙按钮或按压门把手按钮，激活启动子网 CAN 的通信。用万用表分别测量 KG25B/6 和 KG25B/12 对地电压，均约为 0V，不正常。

2）断开蓄电池负极，分别测量 KG25B/12、KG25B/6 对地电阻，约为 0Ω 和 60Ω，不正常。

3）拔下 KG25B 和 G2K 插头，测量 KG25B/12 对地电阻，约为 0Ω，不正常；测量 KG25B/6 对地电阻，为无穷大，正常。

4）进一步拔下 GJK01 插头，再次测量 KG25B/12 对地电阻，依然约为 0Ω，不正常，说明该段线路存在对地短路。

KG25B/6、KG25B/12 和 G2K/2、G2K/3 针脚位置如图 2-14 和图 2-15 所示。

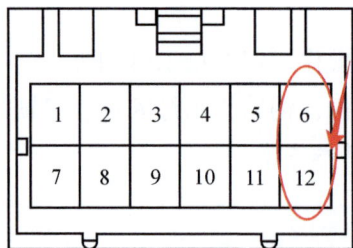

图 2-14　KG25B/6、KG25B/12 针脚位置图

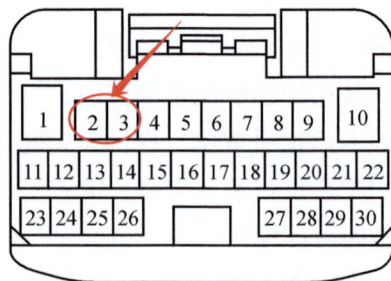

图 2-15　G2K/2、G2K/3 针脚位置图

（5）故障点和故障类型

IKEY 的 KG25B/12—中间插接器 KJG01/18 对地短路。

（6）故障机理分析

由于启动子网 CAN-H 对地短路，导致 IKEY 和 BCM 之间无法进行正常通信，使得 BCM 无法通过启动子网 CAN 获取 IKEY 相关信息，同样的，IKEY 也无法将信息反馈给 BCM。从而出现 BCM 无法识别到钥匙信息，低压电源无法接通以及无钥匙进入失效的故障。

2. IKEY 供电线路断路故障

（1）故障现象描述

1）踩下制动踏板，制动灯点亮。

2）按下启动按钮，钥匙指示灯不闪，仪表显示"未检测到钥匙"。

3）按压钥匙解锁落锁按钮，进行遥控操作，钥匙指示灯闪烁，门锁不动作。

4）按压左前门把手按钮，进行无钥匙进入操作，钥匙指示灯不亮，门锁不动作。

（2）通过分析得出故障可能原因

现象①：踩下制动踏板，制动灯点亮；现象②：按下启动按钮，钥匙指示灯不闪，仪表显示"未检测到钥匙"；说明制动信号和启动按钮信号正常，且 BCM 及其电源正常，同时仪表及 BCM 到仪表之间的通信正常。

现象③：按压钥匙解锁落锁按钮，进行遥控操作，钥匙指示灯闪烁，门锁不动作；说明钥匙本身基本正常。

现象④：按压左前门把手按钮，进行无钥匙进入操作，钥匙指示灯不亮，门锁不动作；说明无钥匙进入的钥匙识别过程存在异常。

综上，故障可能原因：

1）IKEY 电源故障。

2）IKEY 本身故障。

3）IKEY 天线及线路故障。

（3）维修资料查阅

查阅电路图，IKEY 供电故障相关部分电路如图 2-16 所示。

（4）过程数据记录

1）万用表测量 IKEY 的 KG25A/1 对地电压，约为 0V，不正常，正常应为蓄电池电压。

2）测量 G2E/1 对地电压，约为 12V，正常。

3）断开蓄电池负极，分别拔下 G2E 和 KG25A 插头，测量 G2E/1—KG25A/1 线路电阻值，为无穷大，不正常。

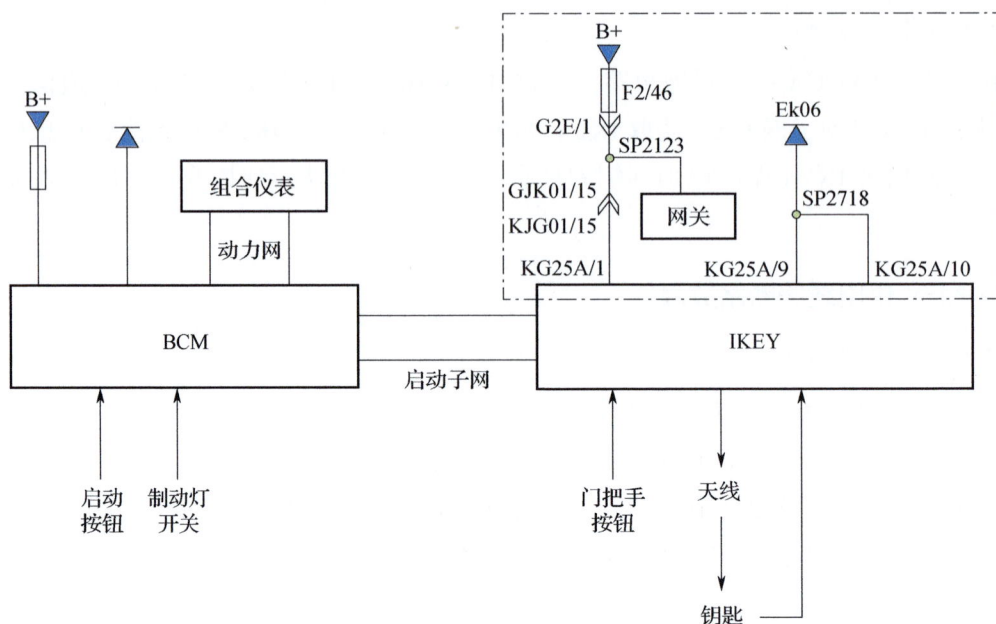

图 2-16　IKEY 供电故障相关部分电路

4）拔下 KJG01 和 GJK01 中间转接插头，测量 KG25A/1—KJG01/15 线路电阻值，为无穷大，不正常，正常应约为 0Ω，因此判断该线路存在断路。

KG25A/1 针脚位置如图 2-17 所示。

（5）故障点和故障类型

IKEY 的 KG25A/1—中间插接器 KJG01/15（IKEY 供电）线路断路。

中间插接器 KJG01 实物如图 2-18 所示。

（6）故障机理分析

由于 IKEY 供电线路断路，导致 IKEY 不工作，使得 BCM 无法获取 IKEY 相关信息，同时，IKEY 也无法对无钥匙进入操作进行响应，从而出现 BCM 无法识别到钥匙信息，低压电源无法接通以及无钥匙进入失效的故障。

3. 启动按钮接地断路故障

（1）故障现象描述

1）按下启动按钮，钥匙指示灯不闪，组合仪表

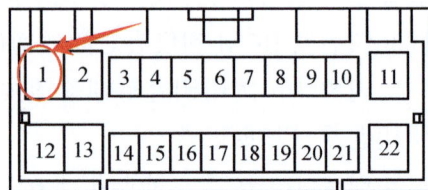

图 2-17　KG25A/1 针脚位置图

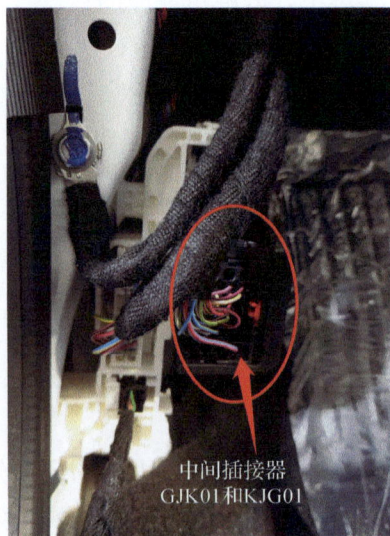

图 2-18　中间插接器 KJG01 实物图

无提示。

2）踩下制动踏板，制动灯点亮，钥匙指示灯闪烁。

3）打开车门，组合仪表门状态显示正常。

（2）通过分析得出故障可能原因

现象①：按下启动按钮，钥匙指示灯不闪，组合仪表无提示；说明启动按钮信号未被BCM正确接收。

现象②：踩下制动踏板，制动灯点亮，钥匙指示灯闪烁；说明制动信号正常，且BCM及其电源正常，BCM与IKEY通信正常，IKEY及其供电正常。

现象③：打开车门，组合仪表门状态显示正常；说明BCM与组合仪表通信正常，组合仪表本身及其供电正常。

综上，故障可能原因：

1）启动按钮本身故障。

2）启动按钮线路故障。

3）BCM局部故障。

（3）维修资料查阅

查阅电路图，启动按钮相关电路如图2-19所示。

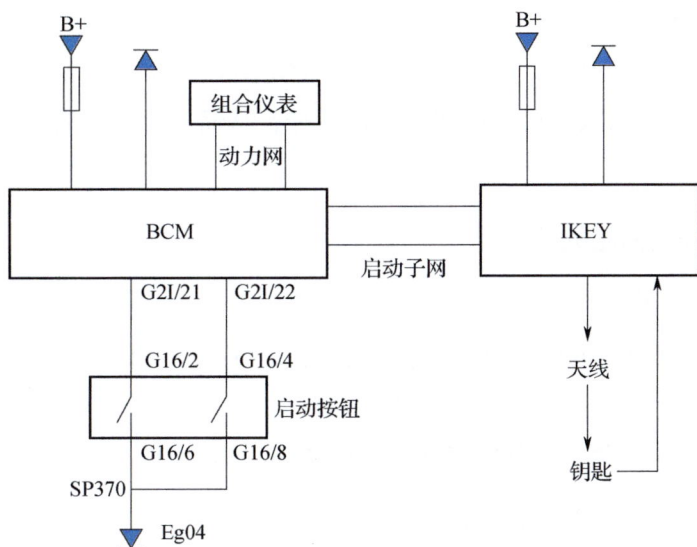

图2-19　启动按钮相关电路图

（4）过程数据记录

1）未按启动按钮，分别测量G2I/21、G2I/22对地电压，都约为12V，正常。

2）按下启动按钮，分别测量 G2I/21、G2I/22 对地电压，依然都约为 12V，不正常。

3）测量 G16/2、G16/4 对地电压，都约为 12V，正常。

4）断开蓄电池负极，拔下 G16 插头，分别测量 G16/6、G16/8 对地电阻，都为无穷大，不正常；测量 G16/6—G16/8 电阻，约为 0Ω，正常，判断接地存在断路；进一步检查，确认 Eg04 接地点本身连接正常。

G2I/21、G2I/22 和 G16/6、G16/8 针脚位置如图 2-20 和图 2-21 所示。

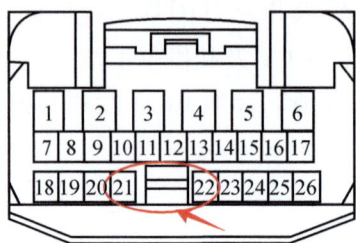

图 2-20 G2I/21、G2I/22
针脚位置图

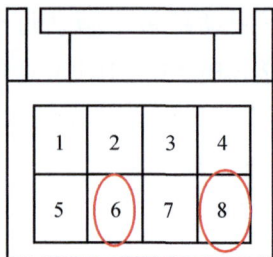

图 2-21 G16/6、G16/8
针脚位置图

（5）故障点和故障类型

SP370 节点—Eg04 接地点之间线路断路。

（6）故障机理分析

由于启动按钮接地线断路，启动按钮连接到 BCM 的两根冗余信号线无法通过启动按钮接地，使得 BCM 无法获取启动按钮按下的信号，从而出现按下启动按钮无任何反应的现象。

4. 制动开关线路断路故障

（1）故障现象描述

1）踩下制动踏板，同时按下启动按钮，仪表显示"启动时踩下制动踏板"，如图 2-22 所示。

2）单独踩下制动踏板，无任何反应，钥匙指示灯也不闪。

（2）通过分析得出故障可能原因

现象①：踩下制动踏板，同时按下启动按钮，仪表显示"启动时踩下制动踏板"；说明 BCM 接收制动踏板信号可能存在异常。

现象②：单独踩下制动踏板，无任何反应，钥匙指示灯也不闪；进一步说明 BCM 无法对制动踏板信号进行正确接收。

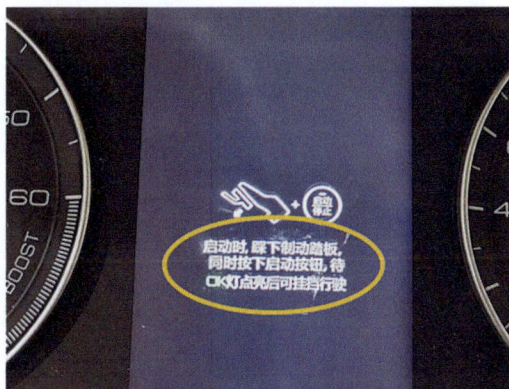

图 2-22　仪表显示"启动时踩下制动踏板"

综上，故障可能原因：

1）制动开关本身故障。

2）制动开关线路故障。

3）BCM 局部故障。

（3）维修资料查阅

查阅电路图，制动开关相关电路如图 2-23 所示。

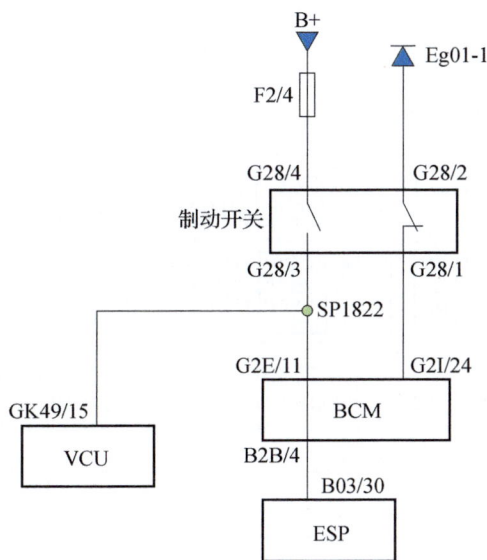

图 2-23　制动开关相关电路图

（4）过程数据记录

1）未踩制动踏板时，分别测量 G28/3、G28/1 对地电压，均约为 0V，正常。

2）踩下制动踏板后，分别测量 G28/3、G28/1 对地电压，均约为 12V，正常。

3）进一步测量 G2E/11 对地电压，约为 0V，不正常。

4）测量 GK49/15 对地电压，约为 12V，正常。

5）断开蓄电池负极，分别拔下 G2E、G28/3 和 GK49 插头，测量 G2E/11—G28/3、G2E/11—GK49/15 电阻值，均为无穷大，不正常；测量 GK49/15—G28/3 电阻值，约为 0Ω，正常，判断 G2E/11—SP1822 节点存在断路故障。

G28/3、G2E/11、GK49/15 针脚位置分别如图 2-24 ～ 图 2-26 所示。

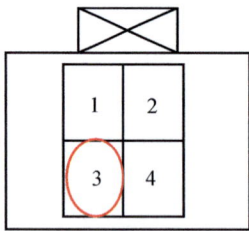

图 2-24　G28/3 针脚位置图　　　　图 2-25　G2E/11 针脚位置图

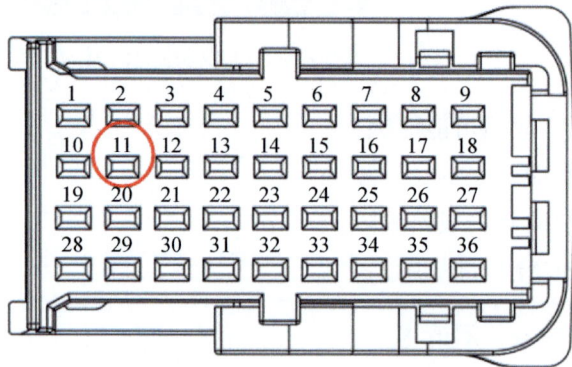

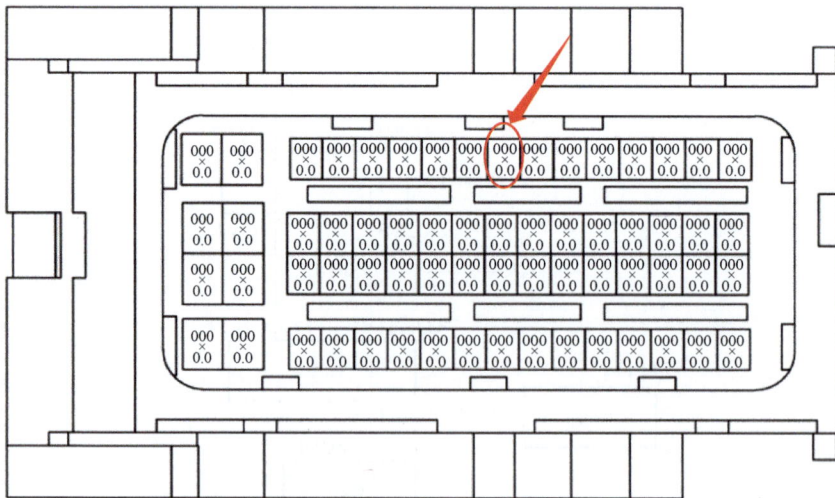

图 2-26　GK49/15 针脚位置图

（5）故障点和故障类型

G2E/11—SP1822 节点断路。

（6）故障机理分析

制动开关是涉及安全的关键信号，因此有两路冗余输出，一路常开一路常闭。踩下制动踏板后，常开触点闭合，常闭触点断开，BCM 同时接收到这两个信号变化，才会认可制动踏板正确踩下。由于到 BCM 的其中一路断路，导致 BCM 无法同时收到两个信号的正常变化，使得 BCM 不采纳制动踏板踩下信号，从而出现踩下制动踏板无反应的现象。

5. 钥匙故障

（1）故障现象描述

1）按下启动按钮，钥匙指示灯不闪，仪表显示"未检测到钥匙"。

2）按压左前门把手按钮，进行无钥匙进入操作，钥匙指示灯不闪，门锁不动作。

3）按压钥匙解锁落锁按钮，进行遥控操作，钥匙指示灯不闪，门锁不动作。

（2）通过分析得出故障可能原因

现象①：按下启动按钮，钥匙指示灯不闪，仪表显示"未检测到钥匙"；说明 BCM 已接收启动按钮信号，也发出了识别钥匙请求，但未收到 IKEY 回复或收到错误回复。

现象②：按压左前门把手按钮，进行无钥匙进入操作，钥匙指示灯不闪，门锁不动作；进一步说明 IKEY 对钥匙的识别存在异常。

现象③：按压钥匙解锁落锁按钮，进行遥控操作，钥匙指示灯不闪，门锁不动作；说明钥匙识别异常可能是钥匙本身导致。

综上，故障可能原因：

1）钥匙本身故障。

2）钥匙电源故障。

（3）维修资料查阅

钥匙本身没有相应电路图，所以结合控制原理进行梳理。

（4）过程数据记录

1）打开钥匙后盖，取下纽扣电池，测量电池电压约为 3.2V，正常。

2）进一步目测检查，确认纽扣电池的固定弹片弹力不足，产生间隙导致接触不良，如图 2-27 所示。

（5）故障点和故障类型

钥匙内部纽扣电池固定弹片接触不良。

（6）故障机理分析

由于钥匙内部纽扣电池固定弹片接触不良，导致钥匙无法被激活，也无法发送信号给

IKEY，使得 BCM 无法接收到钥匙信号，从而出现上述故障现象。

图 2-27　钥匙内部纽扣电池固定弹片接触不良

6. 天线故障

（1）故障现象描述

1）按下启动按钮，钥匙指示灯不闪，仪表显示"未检测到钥匙"。

2）按压左前门把手按钮，进行无钥匙进入操作，钥匙指示灯不闪，门锁不动作。

3）按压钥匙解锁落锁按钮，进行遥控操作，钥匙指示灯闪烁，门锁不动作。

（2）通过分析得出故障可能原因

现象①：按下启动按钮，钥匙指示灯不闪，仪表显示"未检测到钥匙"；说明 BCM 已接收启动按钮信号，也发出了识别钥匙请求，但未收到 IKEY 回复或收到错误回复。

现象②：按压左前门把手按钮，进行无钥匙进入操作，钥匙指示灯不闪，门锁不动作；进一步说明 IKEY 对钥匙的识别存在异常。

现象③：按压钥匙解锁落锁按钮，进行遥控操作，钥匙指示灯闪烁，门锁不动作；初步说明钥匙本身正常，IKEY 识别过程存在问题。

综上，故障可能原因：

1）IKEY 电源故障。

2）IKEY 本身故障。

3）IKEY 天线及线路故障。

（3）维修资料查阅

查阅电路图，IKEY 天线相关部分电路如图 2-28 所示。

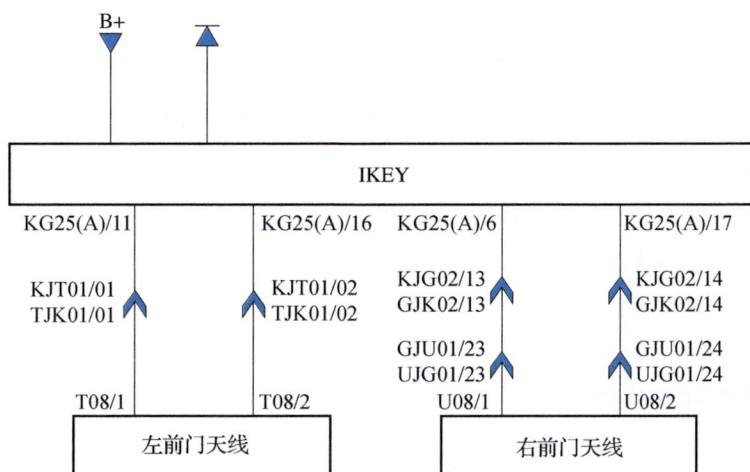

图 2-28　IKEY 天线相关部分电路

（4）过程数据记录

1）按压门把手，同时分别测量 KG25（A）/11、KG25（A）/16 对地电压，均约为 0V，不正常。

2）断开蓄电池负极，测量 KG25（A）/11 对地电阻，为无穷大，正常；测量 KG25（A）/16 对地电阻，约为 0Ω，不正常。

3）分别拔下 KG25（A）、T08 插头，测量 KG25（A）/16 对地电阻，约为 0Ω，不正常；进一步拔下 KJT01 插头，再次测量 KG25（A）/16 对地电阻，依然约为 0Ω，不正常，说明该段线路存在对地短路故障。

（5）故障点和故障类型

KG25（A）/16—KJT01/02 对地短路。

（6）故障机理分析

由于天线线路对地短路，导致 IKEY 无法通过天线激活钥匙，也就无法接收到钥匙信号，从而出现上述故障现象。

7. IG1 继电器触点故障

（1）故障现象描述

踩下制动踏板，同时按下启动按钮，能正常上高压电，但仪表显示无变化（中间显示屏能正常点亮），电动车窗不工作。

（2）通过分析得出故障可能原因

正常情况下，踩下制动踏板同时按下启动按钮，BCM 会接通 IG1 继电器、IG3 继电器和 IG4 继电器。IG1 继电器主要给传统低压部件提供工作电源，比如仪表、车窗、电子驻车、网关、档位传感器等。IG3 和 IG4 继电器主要给高压相关部件提供工作电源，比如整车控制器（VCU）、动力电池管理系统（BMS）、电机控制器（PEU）、高压空调压缩机、PTC 等。从故障现象上分析，能正常上高压电，说明 IG3 继电器和 IG4 继电器可以接通，按照控制逻辑，BCM 也应该已经对 IG1 继电器做出了控制。而实际的现象是传统低压部件并未进入工作状态。

综上，故障可能原因：

1）IG1 继电器本身损坏。

2）IG1 继电器相关线路故障。

3）BCM 局部故障。

（3）维修资料查阅

查阅电路图，IG1 相关电路如图 2-29 所示。

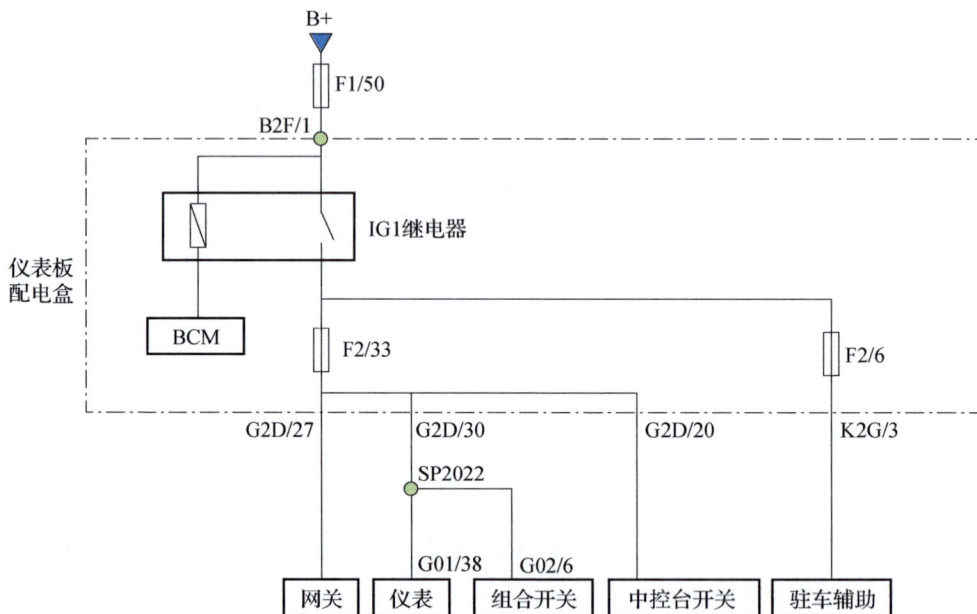

图 2-29　IG1 相关电路图

（4）过程数据记录

1）踩下制动踏板，同时按下启动按钮，分别测量 F2/33、F2/6 对地电压，均约为 0V，不正常。

2）关闭电源，拔下 IG1 继电器，测量继电器线圈两端 1# 和 2# 引脚电阻值，约为 80Ω，正常。

3）给 IG1 继电器线圈两端接通 12V 电源，测量继电器触点两端 3# 和 5# 针脚电阻值，为无穷大，不正常，说明继电器内部触点损坏。

IG1 继电器实物如图 2-30 所示。

（5）故障点和故障类型

IG1 继电器内部触点损坏。

（6）故障机理分析

由于 IG1 继电器供电故障，导致低压相关部件无法得到工作电源，从而无法进入工作状态，使得相应部分如仪表、车窗等出现异常。

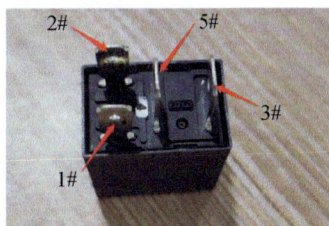

图 2-30 IG1 继电器实物图

四、小结

比亚迪秦 EV 低压上电部分，以智能钥匙控制模块（IKEY）为核心，涉及启动按钮、制动灯开关、BCM、组合仪表、天线、钥匙等。控制过程环环相扣，逻辑性较强。需要结合控制原理和故障现象，有效地缩小故障范围，快速准确地锁定故障点。对于低压上电部分，按下启动按钮或按压门把手后，钥匙指示灯是否闪烁是一个重要的观察点，如果钥匙指示灯可以闪烁，说明天线已经激活了钥匙，也就可以基本判断前面的输入部分都是正常的，反之，则要重点对前面的输入部分进行检查。

第三节 比亚迪秦 EV 高压不上电故障诊断

一、控制原理分析

比亚迪秦 EV 高压上电过程原理如图 2-31 所示。

踩下制动踏板同时按下启动按钮，BCM 在完成钥匙信号验证后控制接通 IG1 继电器、IG3 继电器和 IG4 继电器。IG1 继电器主要给传统低压部件提供工作电源，比如仪表、车窗、电子驻车、网关、档位传感器等。IG3 和 IG4 继电器主要给高压相关部件提供工作电源，比如整车控制器（VCU）、动力电池管理系统（BMS）、电机控制器（PEU）、高压空调压缩机、PTC 等。同时 BCM 通过动力网 CAN 将高压上电请求信号发送给 VCU，VCU 收到该信号后指令 BMS 上高压。BMS 自检无异常后，先闭合主负接触器和预充接触器进行预充，预充完成信号由 PEU 通过动力网 CAN 发送给 BMS，BMS 收到信号后控制闭合主正接触器，同时在 10ms 内断开预充接触器，完成高压上电。

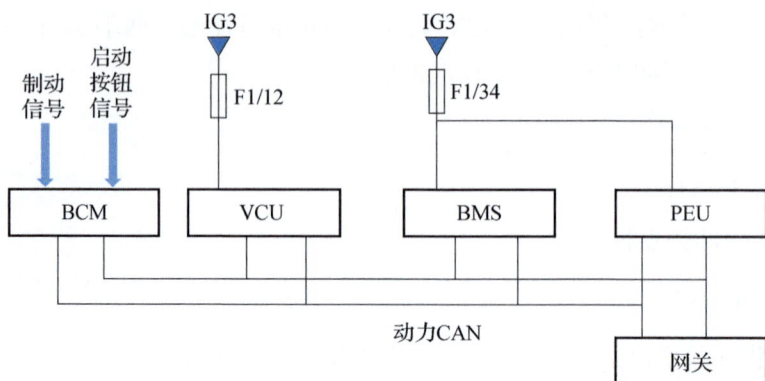

图 2-31   比亚迪秦 EV 高压上电过程原理图

二、诊断分析思路

根据高压上电控制流程，要使车辆能够正常上高压，需要 VCU、BMS、PEU 等模块本身及供电和通信正常，动力电池管理系统自检无异常（如单体电压、电量、温度正常，电池均衡、无绝缘故障、高压互锁正常等），BMS 对接触器的控制及接触器本身正常，预充电阻、电容正常，高压线路正常。

在对高压上电故障进行诊断时，除了根据故障现象结合控制原理，还需要借助诊断仪读取相关故障码和数据流进行综合分析。

三、故障点分析

1. IG3 继电器供电相关故障

（1）故障现象描述

1）踩下制动踏板，同时按下启动按钮，仪表能够点亮，但仪表上"OK"灯不亮，过程中无动力电池内部接触器吸合声，同时仪表提示故障信息"请检查动力系统"，如图 2-32 所示。

2）观察电动冷却水泵，无工作声音，触摸相应的水管，无工作时的振动。

3）用诊断仪进行检测，VCU 和 PEU 都无法通信。

（2）通过分析得出故障可能原因

现象①：踩下制动踏板，同时按下启动按钮，仪表能够点亮，但仪表上"OK"灯不亮，过程中无动力电池内部接触器吸合声，同时仪表提示故障信息"请检查动力系统"；说明低压可以正常上电，但高压不上电。

图 2-32 仪表提示"请检查动力系统"

现象②：观察电动冷却水泵，无工作声音，触摸相应的水管，无工作时的振动；说明 IG3 总体供电可能存在异常。

现象③：用诊断仪进行检测，VCU 和 PEU 都无法通信；进一步说明 VCU 和 PEU 共用的供电可能存在异常。

综上，故障可能原因：

1）IG3 继电器本身故障。

2）IG3 继电器线路故障。

3）BCM 局部故障。

（3）维修资料查阅

查阅电路图，IG3 相关电路如图 2-33 所示。

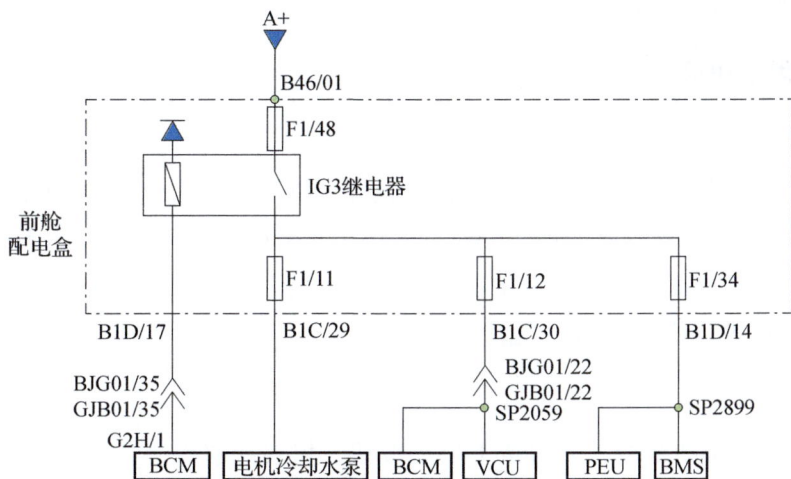

图 2-33 IG3 相关电路图

（4）过程数据记录

1）踩下制动踏板，同时按下启动按钮，分别测量 F1/11、F1/12、F1/34 对地电压，均约为 0V，不正常。

2）测量 G2H/1 对地电压，约为 12V，正常。

3）测量 GJB01/35 对地电压，约为 0V，不正常。

4）关闭电源，断开蓄电池负极，分别拔下 G2H 和 GJB01 插头，测量 G2H/1—GJB01/35 线路电阻值，为无穷大，不正常，判断该线路存在断路。

G2H/1 针脚位置如图 2-34 所示，IG3 继电器实物如图 2-35 所示。

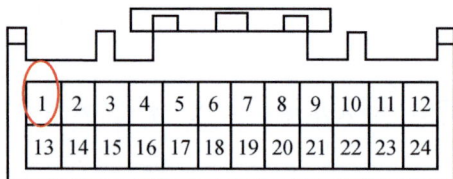

图 2-34　G2H/1 针脚位置图　　　　图 2-35　IG3 继电器实物图

（5）故障点和故障类型

G2H/1—GJB01/35 线路断路。

（6）故障机理分析

由于 IG3 继电器线路故障，导致 IG3 供电异常，使得 VCU、PEU 等相关高压控制单元无法获得工作电源，从而出现上述故障现象。

2. VCU 供电故障

（1）故障现象描述

1）踩下制动踏板，同时按下启动按钮，仪表能够点亮，但仪表上"OK"灯不亮，过程中无动力电池内部接触器吸合声，同时仪表提示故障信息"请检查动力系统"。

2）观察电动冷却水泵，有正常工作声音，触摸相应的水管，能感受到工作时的振动。

3）用诊断仪进行检测，VCU 无法通信。

（2）通过分析得出故障可能原因

现象①：踩下制动踏板，同时按下启动按钮，仪表能够点亮，但仪表上"OK"灯不亮，过程中无动力电池内部接触器吸合声，同时仪表提示故障信息"请检查动力系统"；

说明低压可以正常上电，但高压不上电。

现象②：观察电动冷却水泵，有正常工作声音，触摸相应的水管，能感受到工作时的振动；说明 IG3 供电无整体故障。

现象③：用诊断仪进行检测，VCU 无法通信；说明 VCU 的供电或 CAN 通信存在异常。

综上，故障可能原因：

1）VCU 本身故障。

2）VCU 供电故障。

3）VCU 的 CAN 通信故障。

（3）维修资料查阅

查阅电路图，VCU 相关电路如图 2-36 所示。

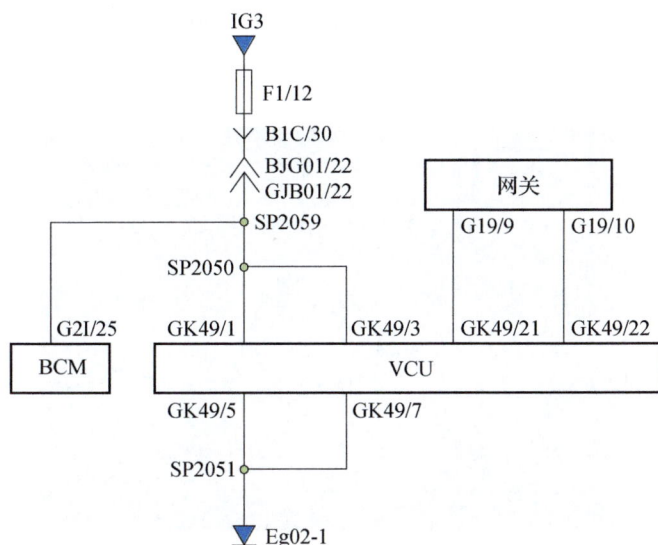

图 2-36　VCU 相关电路图

（4）过程数据记录

1）踩下制动踏板，同时按下启动按钮，测量 GK49/1（或 GK49/3）—GK49/5（或 GK49/7）电压，约为 0V，不正常。

2）测量 GK49/1（或 GK49/3）对地电压，约为 0V，不正常。

3）测量 G2I/25 对地电压，约为 0V，不正常。

4）测量 F1/12 对地电压，约为 12V，正常。

5）关闭电源，断开蓄电池负极，拔下 GK49 插头，测量 GK49/1（或 GK49/3）—F1/12 下游电阻，电阻值为无穷大，不正常。

6）进一步拔下中间插接器 GJB01 插头，测量 GJB01/22—GK49/1（或 GK49/3）电阻，

电阻值为无穷大，不正常；测量 GK49/1（或 GK49/3）—G2I/25 电阻，约为 0Ω，正常，说明中间插接器 GJB01/22—SP2059 节点存在断路故障。

（5）故障点和故障类型

GJB01/22—SP2059 节点断路。

（6）故障机理分析

由于 VCU 供电故障，使得 VCU 无法正常工作，导致车辆无法上高压。

3. PEU 供电故障

（1）故障现象描述

1）踩下制动踏板，同时按下启动按钮，仪表能够点亮，但仪表上"OK"灯不亮，过程中能听到动力电池内部接触器吸合又断开的声音，同时仪表提示故障信息"EV 功能受限"，如图 2-37 所示。

图 2-37　仪表提示"EV 功能受限"

2）用诊断仪进行检测，PEU 无法通信，BMS 存储"P1A3400 预充失败"故障码，如图 2-38 所示。

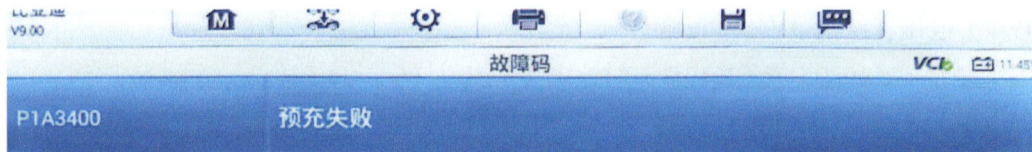

图 2-38　BMS 存储"P1A3400 预充失败"故障码

（2）通过分析得出故障可能原因

现象①：踩下制动踏板，同时按下启动按钮，仪表能够点亮，但仪表上"OK"灯不亮，过程中能听到动力电池内部接触器吸合又断开的声音，同时仪表提示故障信息"EV功能受限"；说明低压可以上电，但高压上电异常，又由于能听到动力电池内部接触器吸合又断开的声音，说明初始上高压条件满足，但过程中存在异常。

现象②：用诊断仪进行检测，PEU无法通信，BMS存储"P1A3400预充失败"故障码；说明PEU的供电或CAN通信存在异常，BMS存储"预充失败"故障码是由于BMS无法从PEU处收到预充过程的反馈信息。

综上，故障可能原因：

1）PEU本身故障。

2）PEU供电故障。

3）PEU的CAN通信故障。

（3）维修资料查阅

查阅电路图，PEU相关电路如图2-39所示。

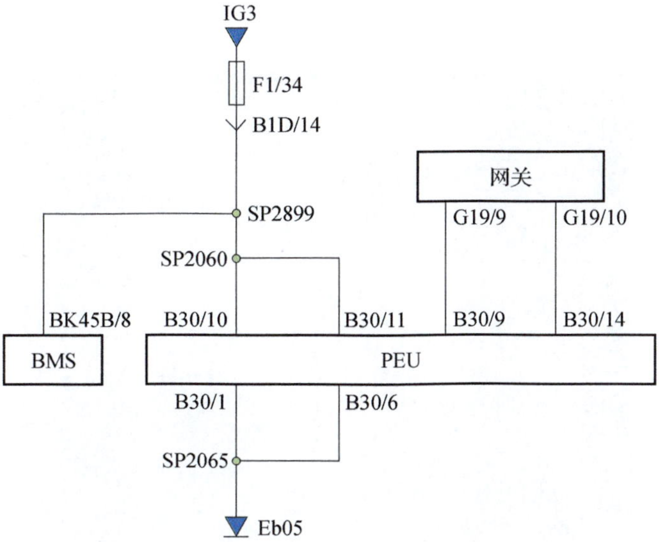

图2-39　PEU相关电路图

（4）过程数据记录

1）踩下制动踏板，同时按下启动按钮，测量B30/10（或B30/11）—B30/1（或B30/6）电压，约为0V，不正常。

2）测量B30/10（或B30/11）对地电压，约为12V，正常。

3）关闭电源，断开蓄电池负极，拔下B30插头，测量B30/1、B30/6对地电阻值，均为无穷大，不正常；测量B30/1—B30/6电阻，约为0Ω，正常，判断接地存在断路；进一步检查，确认Eb05接地点本身连接正常。

B30/1、B30/6 针脚位置如图 2-40 所示。

（5）故障点和故障类型

SP2065 节点—Eb05 接地之间线路断路。

（6）故障机理分析

由于 PEU 接地故障，使得 PEU 无法正常工作，导致在预充过程中 BMS 无法从 PEU 处获取预充完成的反馈信号，从而出现上述故障现象。

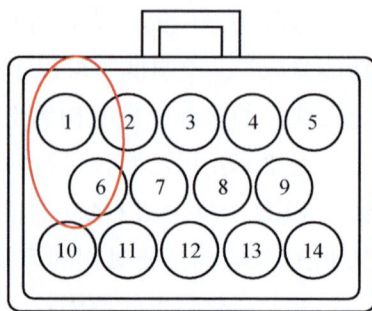

图 2-40　B30/1、B30/6 针脚位置图

4. BMS 供电故障

（1）故障现象描述

1）踩下制动踏板，同时按下启动按钮，仪表能够点亮，但仪表上"OK"灯不亮，过程中无动力电池内部接触器吸合声，仪表动力电池故障灯点亮，并且没有动力电池电量显示，如图 2-41 所示。

图 2-41　仪表动力电池故障灯点亮

2）用诊断仪进行检测，BMS 无法通信。

（2）通过分析得出故障可能原因

现象①：踩下制动踏板，同时按下启动按钮，仪表能够点亮，但仪表上"OK"灯不亮，过程中无动力电池内部接触器吸合声，仪表动力电池故障灯点亮，并且没有动力电池电量显示；说明低压上电正常，但动力电池相关部分存在异常。

现象②：用诊断仪进行检测，BMS无法通信；进一步说明BMS的供电或CAN通信存在异常。

综上，故障可能原因：

1）BMS本身故障。

2）BMS供电故障。

3）BMS的CAN通信故障。

（3）维修资料查阅

查阅电路图，BMS相关电路如图2-42所示。

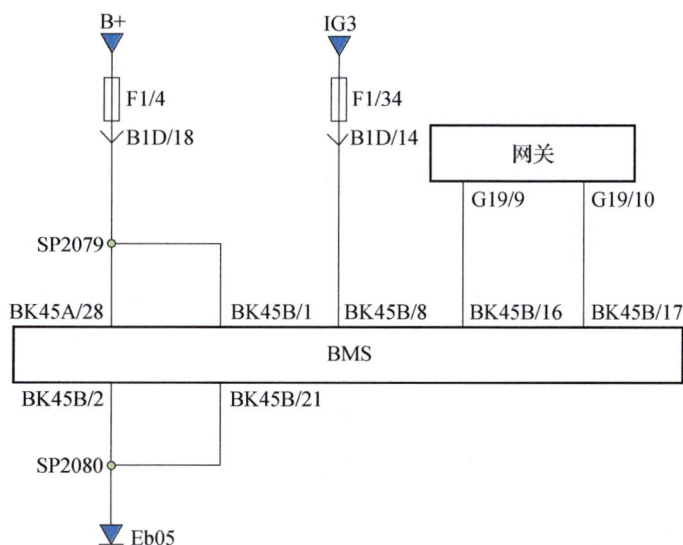

图2-42　BMS相关电路图

（4）过程数据记录

1）踩下制动踏板，同时按下启动按钮，测量BK45A/28（或BK45B/1）—BK45B/2（或BK45B/21）电压，约为0V，不正常。

2）测量BK45A/28（或BK45B/1）对地电压，约为0V，不正常。

3）测量F1/4下游对地电压，约为0V，不正常；测量F1/4上游对地电压，约为12V，正常。

4）拔下F1/4熔丝，测量熔丝电阻，电阻值无穷大，不正常，说明熔丝已熔断。

5）关闭电源，断开蓄电池负极，测量F1/4下游对地电阻，约为0Ω，不正常，说明下游存在对地短路。

6）继续测量F1/4下游对地电阻，拔下BK45A插头，依然约为0Ω；继续拔下BK45B插头，依然约为0Ω；继续拔下B1D插头，电阻值变为无穷大。

7）测量 B1D/18（或 BK45A/28 或 BK45B/1）对地电阻，约为 0Ω，不正常，说明该段线路存在对地短路。

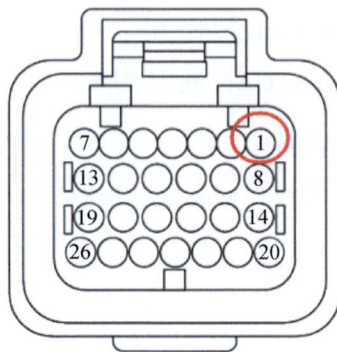

BK45A/28、BK45B/1 针脚位置如图 2-43 和图 2-44 所示。

图 2-43　BK45A/28 针脚位置图　　图 2-44　BK45B/1 针脚位置图

（5）故障点和故障类型

B1D/18—BK45A/28（或 BK45B/1）线路对地短路，F1/4 熔丝熔断。

（6）故障机理分析

由于 BMS 常电源线路对地短路，使得 BMS 无法正常工作，导致动力电池相关信息无法传递，仪表上没有动力电池电量显示，车辆无法上高压。

5. 动力 CAN 整体故障

（1）故障现象描述

1）踩下制动踏板，同时按下启动按钮，仪表能够点亮，但仪表上 "OK" 灯不亮，过程中无动力电池内部接触器吸合声，同时仪表显示 "请检查车辆网络" "请检查档位系统" "请检查动力系统" 等，仪表动力电池故障灯点亮，并且没有动力电池电量显示，如图 2-45 和图 2-46 所示。

2）用诊断仪进行检测，BMS、PEU、OBC、VCU、仪表等动力网所有相关模块都无法通信。

（2）通过分析得出故障可能原因

现象①：踩下制动踏板，同时按下启动按钮，仪表能够点亮，但仪表上 "OK" 灯不亮，过程中无动力电池内部接触器吸合声，同时仪表显示 "请检查车辆网络" "请检查档位系统" "请检查动力系统" 等，仪表动力电池故障灯点亮，并且没有动力电池电量显示；说明低压上电正常，但高压上电相关部件存在异常，同时结合仪表显示的相关信息，可能

图2-45　仪表显示"请检查车辆网络"

图2-46　仪表显示"请检查档位系统"

高压部件相关网络整体存在异常。

现象②：用诊断仪进行检测，BMS、PEU、OBC、VCU、仪表等动力网所有相关模块都无法通信；进一步说明动力网可能存在整体故障。

综上，故障可能原因：

1）动力网 CAN 整体故障。

2）动力网 CAN 上相关模块局部故障，导致动力网 CAN 整体瘫痪。

（3）维修资料查阅

查阅电路图，动力网 CAN 相关电路如图 2-47 所示。

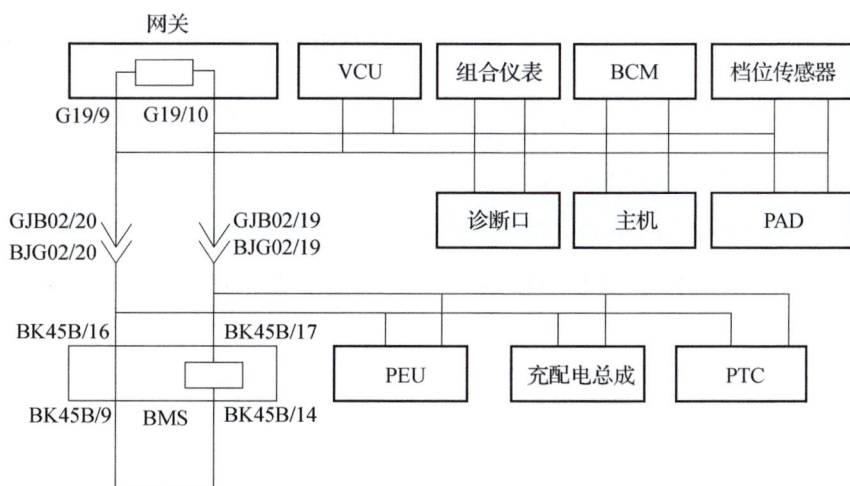

图2-47　动力网 CAN 相关电路图

（4）过程数据记录

1）踩下制动踏板，同时按下启动按钮，分别测量 BK45B/16、BK45B/17 对地电压，均约为 0V，不正常。

2）关闭电源，断开蓄电池负极，分别测量 BK45B/16、BK45B/17 对地电阻，约为 0Ω 和 60Ω，不正常。

3）拔下 BK45B 插头，再次测量 BK45B/16、BK45B/17 对地电阻值，均为无穷大，正常。

4）测量 BK45B/9（或 BK45B/14）对地电阻，约为 0Ω，不正常，说明该段线路存在对地短路。

（5）故障点和故障类型

BK45B/9—BK45B/14 线路对地短路。

（6）故障机理分析

由于动力网 CAN-H 对地短路，导致动力网整体瘫痪，动力网内部模块之间无法通信，也无法与外部其他网络和模块进行通信，从而出现上述故障现象。

6. 高压互锁相关故障

（1）故障现象描述

1）踩下制动踏板，同时按下启动按钮，仪表能够点亮，但仪表上"OK"灯不亮，过程中无动力电池内部接触器吸合声，同时仪表显示"EV 功能受限"。

2）用诊断仪进行检测，BMS 存储"P1A6000 高压互锁 1 故障"故障码，如图 2-48 所示，数据流显示"高压互锁 1：锁止"，如图 2-49 所示。

图 2-48　BMS 存储"P1A6000 高压互锁 1 故障"故障码

图 2-49　BMS 数据流显示"高压互锁 1：锁止"

（2）通过分析得出故障可能原因

现象①：踩下制动踏板，同时按下启动按钮，仪表能够点亮，但仪表上"OK"灯不亮，过程中无动力电池内部接触器吸合声，同时仪表显示"EV功能受限"；说明低压上电正常，但高压上电异常。

现象②：用诊断仪进行检测，BMS存储"P1A6000高压互锁1故障"故障码，数据流显示"高压互锁1：锁止"；说明高压不上电是高压互锁1异常所致。

综上，故障可能原因：

1）高压互锁线路故障。

2）高压互锁所连接的相关模块内部故障。

3）BMS局部故障。

（3）维修资料查阅

查阅电路图，高压互锁1相关电路如图2-50所示。

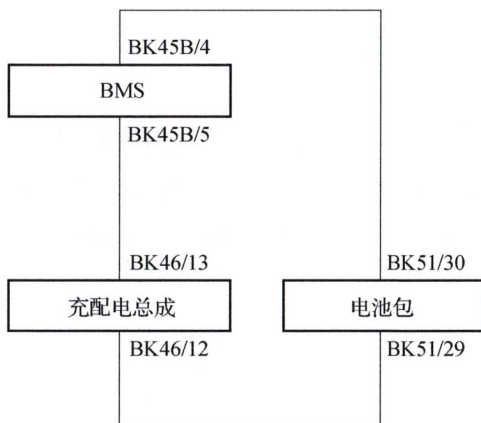

图2-50　高压互锁1相关电路图

（4）过程数据记录

1）踩下制动踏板，同时按下启动按钮，分别测量BK45B/4、BK45B/5对地电压，分别约为2V和5V，不正常。

2）关闭电源，断开蓄电池负极，测量BK45B/4—BK45B/5电阻值，为无穷大，不正常。

3）分别拔下BK45B和BK46插头，测量BK45B/4—BK46/12电阻值，约为0Ω，正常；测量BK45B/5—BK46/13电阻值，为无穷大，不正常，说明该段线路存在断路故障。BK46/12、BK46/13针脚位置如图2-51所示。

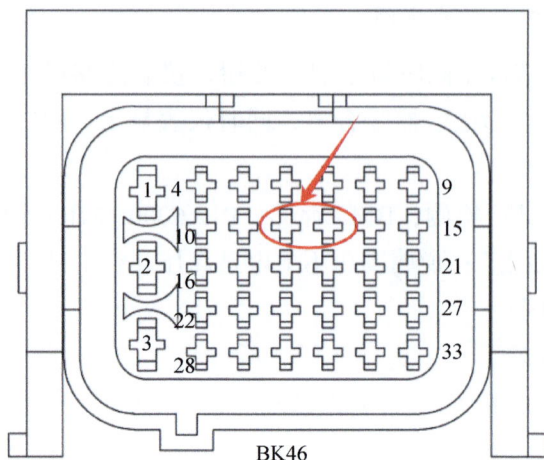

图 2-51 BK46/12、BK46/13 针脚位置图

（5）故障点和故障类型

BK45B/5—BK46/13 线路断路。

（6）故障机理分析

高压互锁用于监测相关高压部件回路插头等是否被断开，当某个高压插头拔下时，相应插头上的高压互锁线路也同时被断开，从而使高压互锁回路切断，BMS 检测到该信号后就会切断高压系统工作。由于高压互锁线路断路，BMS 不执行上高压指令，车辆无法上高压电。

7. 接触器相关故障

（1）故障现象描述

1）踩下制动踏板，同时按下启动按钮，仪表能够点亮，但仪表上"OK"灯不亮，过程中能听到动力电池内部接触器吸合又断开的声音，同时仪表显示"EV 功能受限"。

2）用诊断仪进行检测，BMS 存储"P1A3400 预充失败"故障码。

（2）通过分析得出故障可能原因

现象①：踩下制动踏板，同时按下启动按钮，仪表能够点亮，但仪表上"OK"灯不亮，过程中能听到动力电池内部接触器吸合又断开的声音，同时仪表显示"EV 功能受限"；说明低压上电正常，但高压上电异常。

现象②：用诊断仪进行检测，BMS 存储"P1A3400 预充失败"故障码；说明高压不上电与预充过程无法正常完成有关，又由于在现象①中能听到动力电池内部接触器吸合又断开的声音，初步考虑部分接触器及相关线路、高压回路及 PEU 内电容故障。

综上，故障可能原因：

1）接触器及线路故障。

2）BMS局部故障。

3）高压回路故障。

4）PEU局部故障（PEU内电容故障）。

（3）维修资料查阅

查阅电路图，接触器相关电路如图2-52所示。

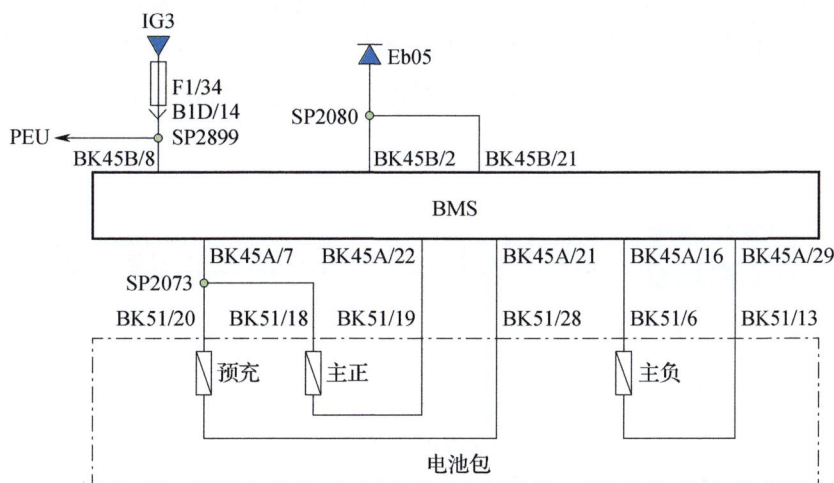

图2-52　接触器相关电路图

（4）过程数据记录

1）踩下制动踏板，同时按下启动按钮，测量BK45A/7对地电压，约12V，正常。

2）分别测量BK45A/21、BK45A/22对地电压，分别约为0V、12V，不正常。

3）测量BK51/28对地电压，约为12V，正常。

4）关闭电源，断开蓄电池负极，分别拔下BK45A、BK51插头，测量BK45A/21—BK51/28电阻值，为无穷大，不正常，说明该段线路存在断路故障。

BK51/28针脚位置如图2-53所示。

（5）故障点和故障类型

BK45A/21—BK51/28线路断路。

（6）故障机理分析

由于预充接触器控制线断路，导致预充接触器无法闭合，无法完成预充，从而使得车

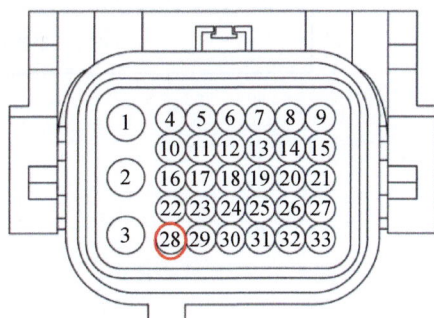

图2-53　BK51/28针脚位置图

辆无法上高压。

四、小结

比亚迪秦 EV 高压上电部分，以整车控制器（VCU）和动力电池管理系统（BMS）为核心，涉及电机控制器（PEU）、高压互锁、高压接触器、动力网等。从诊断逻辑上讲，很多部分有相对独立性，因此更多地需要借助诊断仪进行辅助诊断，通过故障现象和诊断数据，快速准确地锁定故障点。同时一些现象的区别及仪表显示的不同，也可以为快速诊断提供帮助，比如仪表上系统故障灯亮，但动力电池电量显示正常，则可以初步判断动力网无整体故障，并且动力电池及 BMS 也无整体故障。反之，如果不显示动力电池电量，且仪表上动力电池故障灯点亮，则需要重点考虑动力电池及 BMS 部分存在异常。

第四节　比亚迪秦 EV 交流充电系统故障诊断

一、控制原理分析

比亚迪秦 EV 交流充电系统相关结构原理如图 2-54 所示。

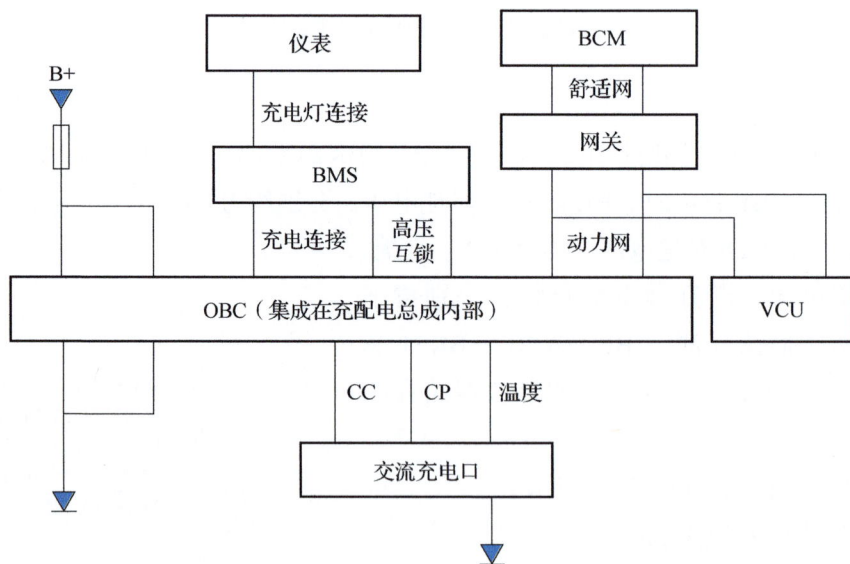

图 2-54　比亚迪秦 EV 交流充电系统相关结构原理图

插入充电枪后，充电连接确认（CC）端子通过充电枪内的电阻后回到车端接地，CC

电压发生变化，充配电总成检测到这个变化，一方面通过这个变化判断车辆交流充电口与交流充电枪连接状态，并确定当前充电连接装置的额定容量；另一方面通过充电连接信号线将信息发送给BMS，BMS通过充电指示灯信号线将信息发送给仪表，仪表上显示充电插头指示灯。当将充电枪另一头插入220V电网插座后，充电枪通过控制导引（CP）端子输出12V的电压，通过车辆后回到枪端接地，CP电压发生变化，从12V转变为9V，充电枪检测到这个变化，将9V的电压切换为9V的脉冲宽度调制（PWM）信号状态。充配电总成通过检测PWM信号占空比确认当前供电设备最大供电电流，同时充配电总成将相应的信息发送给BCM，BCM控制接通IG3和IG4，VCU得到工作电源并通过网络接收充配电总成发来的信息，指令BMS上高压，在确认满足充电条件，并完成高压上电过程后，充配电总成控制闭合模块内触点，CP电压进一步降低，从9V的PWM转变为6V的PWM，充电枪检测到这个变化，闭合充电枪内的高压触点，交流电通过充配电总成转变成直流电，给车辆动力电池充电。

二、诊断分析思路

根据交流充电控制流程，要正常完成交流充电，需要充电枪及电网正常，交流充电口到充配电总成相关线路正常，充配电总成及线路正常，BMS及线路正常，IG3、IG4继电器及线路正常，VCU及线路正常，网关及线路正常。

在诊断交流充电故障时，首先要确认车辆能正常上高压电，如无法上高压，则要先处理高压不上电的故障。而在高压能正常上电的前提下，VCU、BMS等很多部件就可判断是正常的，所以在诊断交流充电故障时，实际考虑的故障范围可以缩小很多，后续的故障点分析，都是基于高压上电正常来梳理。

三、故障点分析

1. CC线路故障

（1）故障现象描述

1）充电枪一端连接电网，另一端插入交流充电口，仪表充电指示灯不亮，也无其他任何反应，车辆无法充电。

2）用诊断仪进行检测，无故障存储。

（2）通过分析得出故障可能原因

现象①：充电枪一端连接电网，另一端插入交流充电口，仪表充电指示灯不亮，也无其他任何反应，车辆无法充电；说明充电枪—充配电总成—BMS存在异常。

现象②：用诊断仪进行检测，无故障存储；说明充配电总成模块整体正常。

综上，故障可能原因：

1）充电枪故障。

2）充电口到充配电总成 CC 相关线路故障。

3）充配电总成到 BMS 充电连接线路故障。

4）充配电总成局部故障。

5）BMS 局部故障。

（3）维修资料查阅

查阅电路图，CC 相关部分电路如图 2-55 所示。

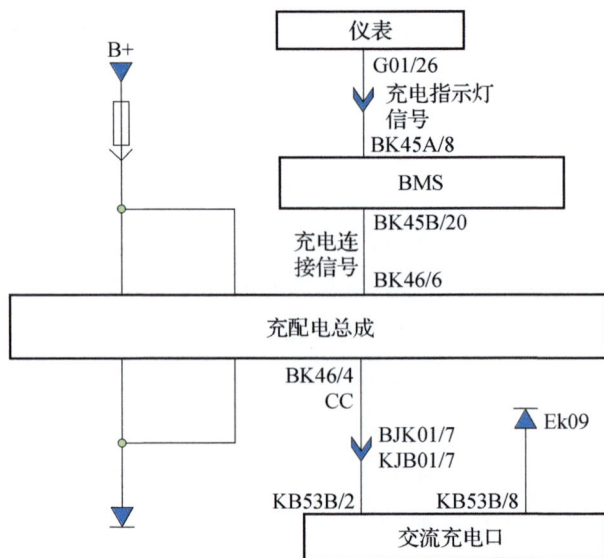

图 2-55　CC 相关部分电路图

（4）过程数据记录

1）在充电口测量 CC 与保护接地（PE）之间电压，约为 0V，不正常。CC 与 PE 端子实物如图 2-56 所示。

2）测量 CC 对地电压，约为 0V，不正常。

3）测量 BK46/4 对地电压，约为 11V，正常。

4）断开蓄电池负极，分别拔下 BK46 和 KB53B 插头，测量 BK46/4—KB53B/2 电阻，电阻值无穷大，不正常。

5）进一步拔下中间插接器 BJK01 插头，测量

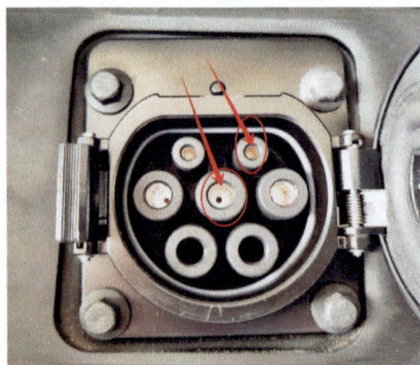

图 2-56　CC 与 PE 端子实物图

KJB01/7—KB53B/2电阻，约为0Ω，正常；测量BJK01/7—BK46/4电阻，电阻值无穷大，不正常，说明该段线路存在断路故障。

BJK01/7、KB53B/2针脚位置如图2-57和图2-58所示。

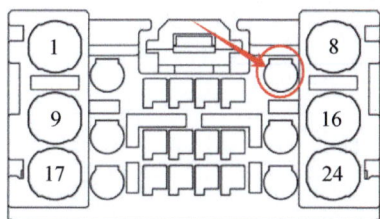

图2-57　BJK01/7针脚位置图　　图2-58　KB53B/2针脚位置图

（5）故障点和故障类型

BJK01/7—BK46/4线路断路。

（6）故障机理分析

由于CC线路断路，充配电总成无法检测到充电枪插入状态，从而导致仪表充电指示灯不亮，车辆无法充电。

2. CP线路故障

（1）故障现象描述

1）充电枪一端连接电网，另一端插入交流充电口，仪表充电指示灯正常点亮，但无其他反应，车辆无法充电，如图2-59所示。

2）用诊断仪进行检测，无故障存储。

（2）通过分析得出故障可能原因

现象①：充电枪一端连接电网，另一端插入交流充电口，仪表充电指示灯正常点亮，但无其他反应，车辆无法充电；初步判断CC部分正常。

现象②：用诊断仪进行检测，无故障存储；说明充配电总成模块整体正常。

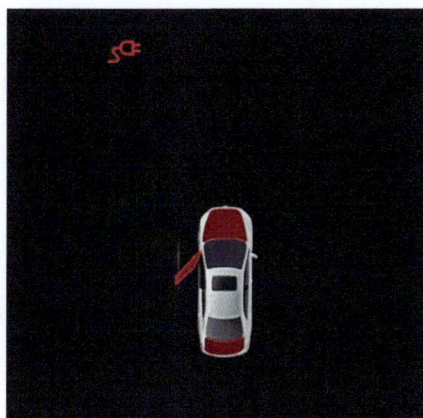

图2-59　仪表充电指示灯正常点亮

综上，故障可能原因：

1）充电枪故障。

2）充电口到充配电总成线路故障。

3）充配电总成局部故障。

（3）维修资料查阅

查阅电路图，CP 相关部分电路如图 2-60 所示。

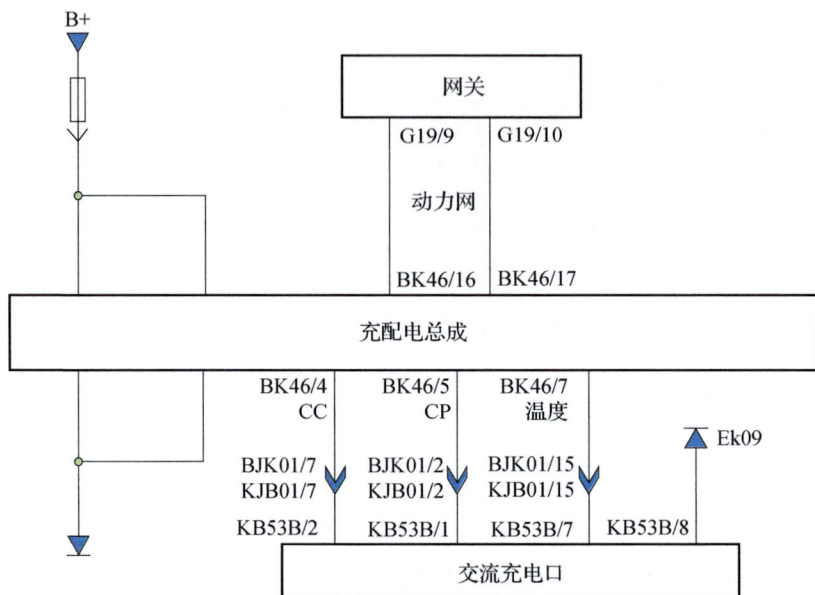

图 2-60　CP 相关部分电路图

（4）过程数据记录

1）在充电口测量 CP 与 PE 之间电压，约为 0V，正常。

2）将充电枪插入电网，测量枪端 CP 与 PE 之间电压，约为 12V，正常。

3）将充电枪插入交流充电口，测量 BK46/5 对地电压，约为 0V，不正常。

4）测量 KB53B/1 对地电压，约为 11V，不正常。

5）拔下充电枪，断开蓄电池负极，分别拔下 BK46 和 KB53B 插头，测量 BK46/5—KB53B/1 电阻，电阻值为无穷大，不正常。

6）进一步拔下中间插接器 BJK01 插头，测量 BJK01/2—BK46/5 电阻，约为 0Ω，正常；测量 KJB01/2—KB53B/1 电阻，电阻值为无穷大，不正常，说明该段线路存在断路故障。

（5）故障点和故障类型

KJB01/2—KB53B/1 线路断路。

（6）故障机理分析

由于 CP 线路断路，充电枪端无法检测 CP 电压变化，车辆充配电总成也无法收到 CP 传来的信号，导致车辆无法充电。

052

3. PE 线路故障

（1）故障现象描述

1）充电枪一端连接电网，另一端插入交流充电口，仪表充电指示灯正常点亮，但无其他反应，车辆无法充电。

2）用诊断仪进行检测，无故障存储。

（2）通过分析得出故障可能原因

现象①：充电枪一端连接电网，另一端插入交流充电口，仪表充电指示灯正常点亮，但无其他反应，车辆无法充电；初步判断 CC 部分正常。

现象②：用诊断仪进行检测，无故障存储；说明充配电总成模块整体正常。

综上，故障可能原因：

1）充电枪故障。

2）充电口到充配电总成线路故障。

3）充配电总成局部故障。

（3）维修资料查阅

查阅电路图，PE 相关部分电路如图 2-61 所示。

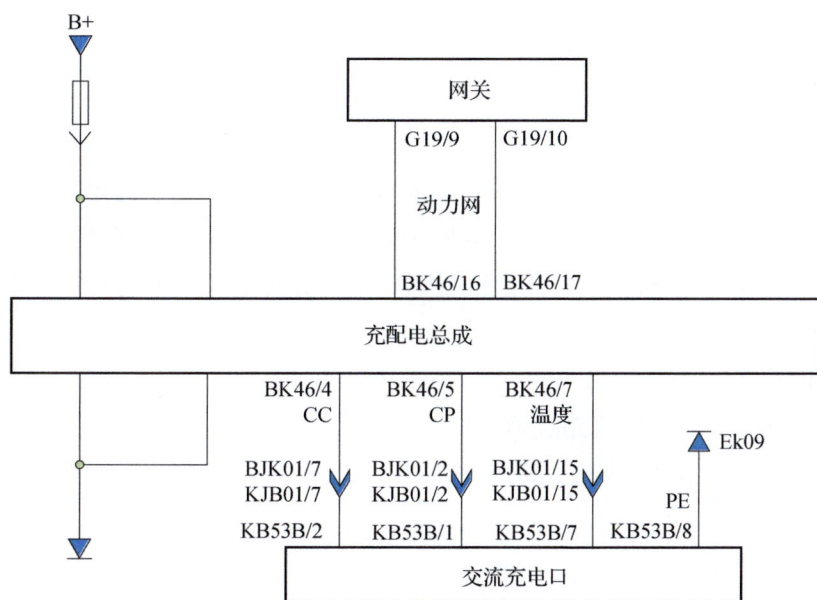

图2-61　PE 相关部分电路图

（4）过程数据记录

1）将充电枪一端插入电网，另一端插入交流充电口，测量 CC 与 PE 之间电压，约为

7V，不正常；测量 CP 与 PE 之间电压，约为 3V，不正常。

2）在充电口测量 CC 与 PE 之间电压，约为 0V，不正常；测量 CP 与 PE 之间电压，约为 0V，不正常。

3）断开蓄电池负极，测量 PE 对地电阻，电阻值为无穷大，不正常，进一步观察，确认 PE 接地点脱落。

（5）故障点和故障类型

PE 接地点脱落。

（6）故障机理分析

该故障比较特殊，按一般的分析，PE 断路，CC 和 CP 都应该没电，但由于 CC 经过充电枪内部反流，又通过 CP 线路后回到车辆接地，从而使 CC 和 CP 都能测量到异常电压。由于 CC 电压下降，充配电总成收到错误信号，认为充电枪已正确插入，所以仪表上充电指示灯点亮，而 CP 电压与正常值偏差过大，从而导致车辆无法充电。

4. 充电连接线路故障

（1）故障现象描述

1）充电枪一端连接电网，另一端插入交流充电口，仪表充电指示灯不亮，也无其他任何反应，车辆无法充电。

2）用诊断仪进行检测，无故障存储。

（2）通过分析得出故障可能原因

现象①：充电枪一端连接电网，另一端插入交流充电口，仪表充电指示灯不亮，也无其他任何反应，车辆无法充电；说明充电枪—充配电总成—BMS 存在异常。

现象②：用诊断仪进行检测，无故障存储；说明充配电总成模块整体正常。

综上，故障可能原因：

1）充电枪故障。

2）充电口到充配电总成线路故障。

3）充配电总成到 BMS 线路故障。

4）充配电总成局部故障。

5）BMS 局部故障。

（3）维修资料查阅

查阅电路图，充电连接线相关电路如图 2-62 所示。

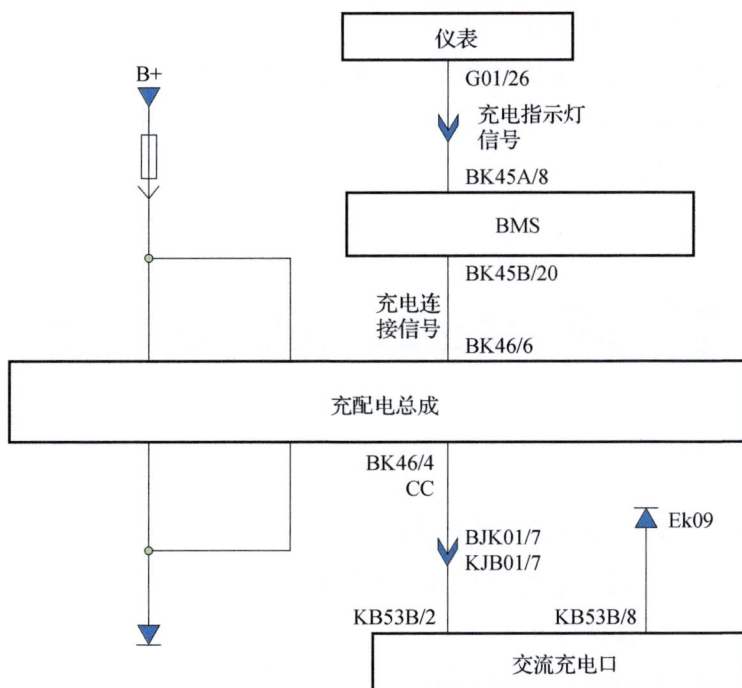

图 2-62　充电连接线相关电路图

（4）过程数据记录

1）在充电口测量 CC 与 PE 之间电压，约为 12V，正常。

2）将充电枪插入交流充电口，测量 BK46/4 电压，约为 5V，正常。

3）测量 BK46/6 对地电压，约为 0V，正常；测量 BK45B/20 对地电压，约为 12V，不正常。

4）拔下充电枪，断开蓄电池负极，分别拔下 BK46 和 BK45B 插头，测量 BK45B/20—BK46/6 电阻，电阻值无穷大，不正常，说明该段线路存在断路故障。

（5）故障点和故障类型

BK45B/20—BK46/6 线路断路。

（6）故障机理分析

由于充配电总成到 BMS 之间的充电连接信号线路断路，BMS 无法接收到充配电总成传来的充电连接信号，导致仪表充电指示灯不亮，车辆无法充电。

四、小结

比亚迪秦 EV 交流充电部分，以充配电总成为核心，涉及交流充电口、交流充电枪等，控制逻辑相对比较简单，在诊断过程中，重点观察仪表充电枪指示灯状态，结合 CC 和 CP 电压变化，可以较快地锁定故障范围。诊断充电系统的故障时，首先要确保车辆高压电系统正常。另外充电系统涉及外围的充电枪及电网，在诊断中也需要考虑到，充电枪本身指示灯的状态也可以作为重要参考。

第五节　比亚迪秦 EV 舒适系统故障诊断

一、控制原理分析

1. 比亚迪秦 EV 车窗系统相关结构原理

如图 2-63 所示，左前玻璃升降器开关上集成有四个车窗的升降开关，接通电源后，左前玻璃升降器开关总成获得 IG1 电源，按下左前玻璃升降器开关，可以直接控制左前玻璃升降器电机；按下左前玻璃升降器开关总成上对应的右前、左后、右后玻璃升降器开关，信号通过相应的线路到达对应车门上的玻璃升降器开关后，控制对应的玻璃升降器电机，相应车门上的玻璃升降器电机动作。同时，在接通电源后，BCM 控制电动车窗继电器工作，右前、左后、右后车门上的各玻璃升降器开关获得工作电源，此时，在其他各车

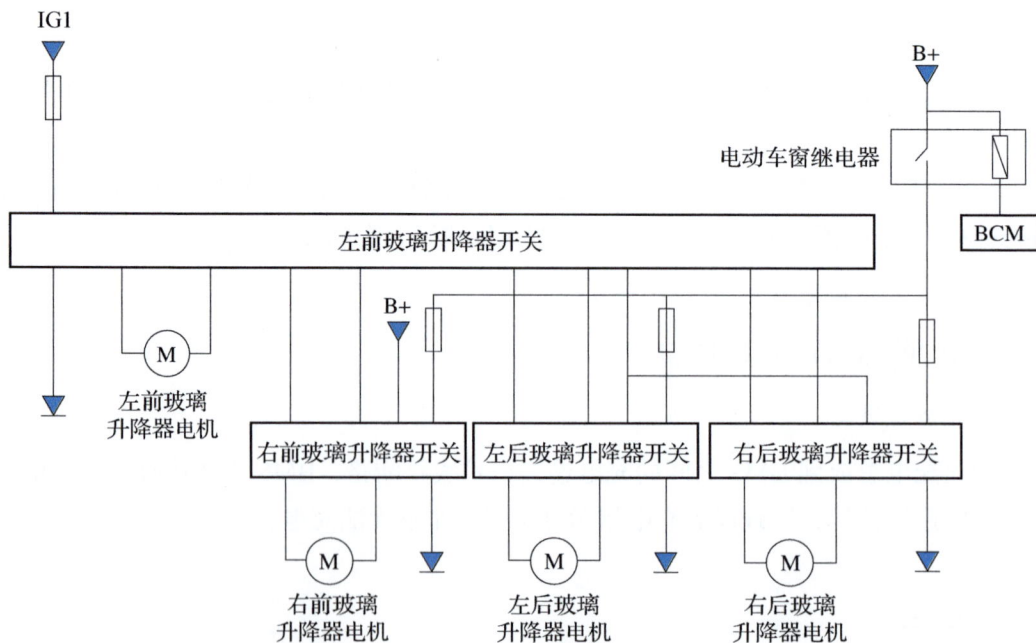

图 2-63　比亚迪秦 EV 车窗系统相关结构原理图

门上的玻璃升降器开关可以控制对应车门的玻璃升降器电机。另外，左前玻璃升降器开关上引出一路到左后和右后玻璃升降器开关，用以锁止后窗玻璃升降，控制开关位于左前玻璃升降器开关总成上，该开关按下后，左后和右后车门上的玻璃升降器开关无法控制相关车窗工作。

2. 比亚迪秦 EV 中控系统相关结构原理

如图 2-64 所示，四个车门的门锁和行李舱盖锁都由 BCM 控制，当电源关闭，所有车门和行李舱盖关闭，按下遥控钥匙上闭锁 / 解锁按钮，遥控信号发送给 BCM，BCM 控制四个车门闭锁 / 解锁。还可以通过无钥匙的方式，按压门把手上闭锁 / 解锁按钮，信号发送给 IKEY 模块，IKEY 通过其所控制的天线激活钥匙，钥匙将信号反馈给 IKEY，IKEY 通过启动子网将信号发送给 BCM，BCM 控制四个车门闭锁 / 解锁。另外还可以通过左前车门上的闭锁 / 解锁按钮进行控制。

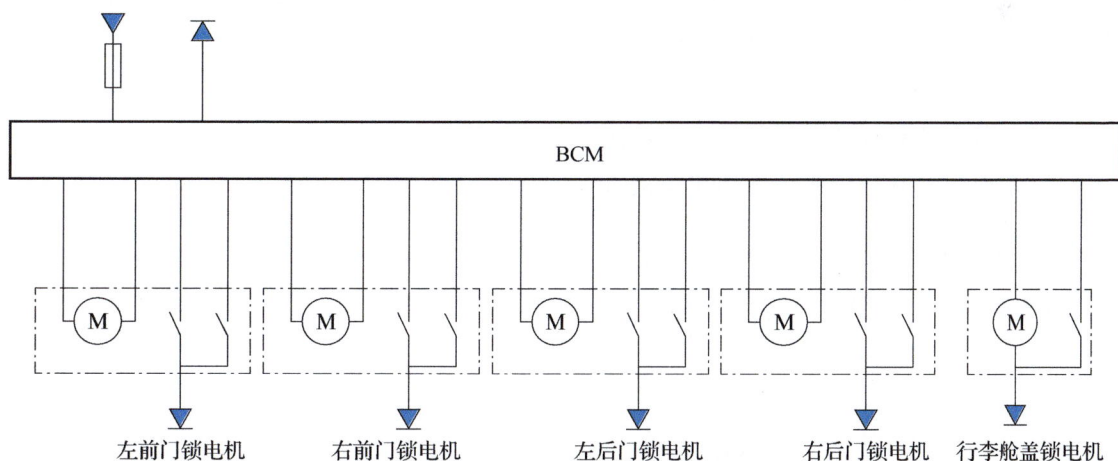

图 2-64　比亚迪秦 EV 中控系统相关结构原理图

二、诊断分析思路

1）根据车窗系统控制流程，其诊断思路与低压上电、高压上电、交流充电等有很大区别。低压上电、高压上电、交流充电等，所有的条件最终都是为了一个结果，比如低压上电，所有的条件，都是为了低压能够正常上电。而车窗系统则不同，存在多种结果需求，包括左前车窗的控制、右前车窗的控制、左后车窗的控制、右后车窗的控制等。相互之间有关联性，也有独立性，这就需要对故障现象有更准确、全面的判断。

2）根据中控系统控制流程，四个车门门锁和行李舱盖锁既有关联性，又有独立性。当其公共部分出现异常，可能导致所有车门及行李舱盖都无法落锁，如果某个门锁单独故障，可能只造成其本身异常。

三、故障点分析

1. 左前玻璃升降器开关供电故障

（1）故障现象描述

1）接通电源，按下左前玻璃升降器开关总成上各按钮，所有车窗都无法工作。

2）按下其他相应车门上的玻璃升降器开关，对应车窗都能正常工作。

（2）通过分析得出故障可能原因

现象①：接通电源，按下左前玻璃升降器开关总成上各按钮，所有车窗都无法工作；说明左前玻璃升降器开关总成供电或开关本身存在问题。

现象②：按下其他相应车门上的玻璃升降器开关，对应车窗都能正常工作；说明其他玻璃升降器开关、玻璃升降器电机及线路正常。

综上，故障可能原因：

1）左前玻璃升降器开关总成本身故障。

2）左前玻璃升降器开关总成供电故障。

（3）维修资料查阅

查阅电路图，左前玻璃升降器开关供电电路如图 2-65 所示。

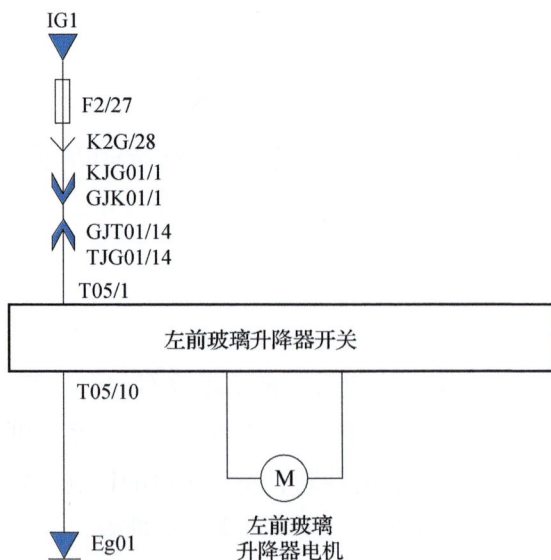

图 2-65　左前玻璃升降器开关供电电路图

（4）过程数据记录

1）接通电源，测量 T05/1—T05/10 电压，约为 0V，不正常。

2）测量 T05/1 对地电压，约为 0V，不正常。

3）测量 F2/27 下游对地电压，约为 12V，正常。

4）关闭电源，断开蓄电池负极，分别拔下 F2 熔丝和 T05 插头，测量 F2 下游—T05/1 电阻，电阻值无穷大，不正常。

5）进一步拔下 TJG01 插头，测量 T05/1—TJG01/14 电阻，电阻值无穷大，不正常，说明该段线路存在断路。

T05/1 针脚位置如图 2-66 所示。

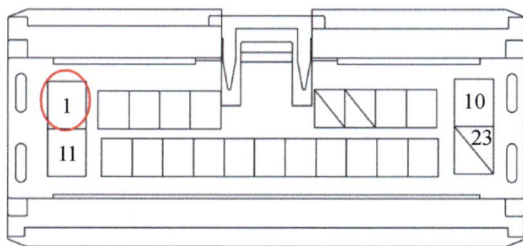

图 2-66　T05/1 针脚位置图

（5）故障点和故障类型

T05/1—TJG01/14 线路断路。

（6）故障机理分析

由于左前玻璃升降器开关供电线断路，导致左前玻璃升降器开关无法向各车窗开关和电机输出供电，导致左前玻璃升降器开关总成上各按钮均不起作用；而其他各车门上的玻璃升降器开关供电来自电动车窗继电器，所以按下其他相应车门上的玻璃升降器开关，对应车窗都能正常工作。

2. 左前玻璃升降器电机故障

（1）故障现象描述

1）接通电源，按下左前玻璃升降器开关总成上左前侧车窗按钮，左前车窗不工作。

2）按下左前玻璃升降器开关总成上其他侧车窗按钮，相应车窗工作正常。

（2）通过分析得出故障可能原因

现象①：接通电源，按下左前玻璃升降器开关总成上左前侧车窗按钮，左前车窗不工作；说明左前玻璃升降器开关总成本身或其供电故障、左前玻璃升降器电机或其线路故障。

现象②：按下左前玻璃升降器开关总成上其他侧车窗按钮，相应车窗工作正常；说明左前玻璃升降器开关总成无整体故障，本身供电也正常。

综上，故障可能原因：

1）左前玻璃升降器开关总成局部故障。

2）左前玻璃升降器电机故障。

3）左前玻璃升降器电机线路故障。

（3）维修资料查阅

查阅电路图，左前玻璃升降器电机电路如图 2-67 所示。

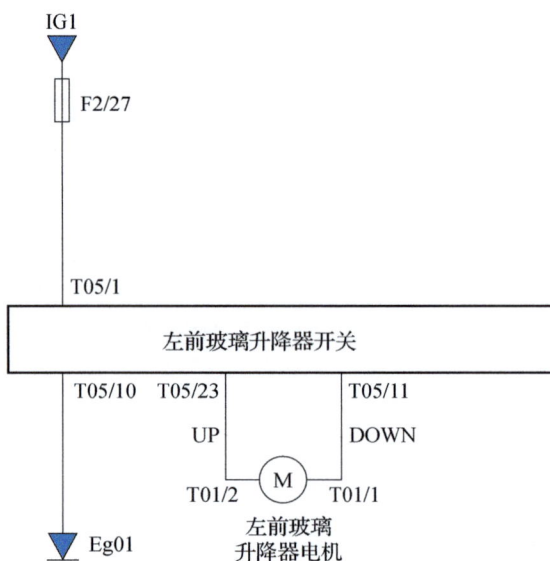

图 2-67　左前玻璃升降器电机电路图

（4）过程数据记录

1）接通电源，按下左前玻璃升降器开关总成上左前侧车窗按钮，同时测量 T05/23—T05/11 电压，约为 12V，正常。

2）在同样状态下，进一步测量 T01/2—T01/1 电压，约为 12V，正常。

3）关闭电源，断开蓄电池负极，拔下 T05 插头，测量 T05/23—T05/11 电阻，电阻值无穷大，不正常。

4）进一步拔下 T01 插头，测量左前玻璃升降器电机上 T01/1—T01/2 电阻，电阻值无穷大，不正常，说明左前玻璃升降器电机本身损坏。

（5）故障点和故障类型

左前玻璃升降器电机本身损坏。

（6）故障机理分析

由于左前玻璃升降器电机本身损坏，导致左前车窗不工作，其他车窗工作正常。

3. 电动车窗继电器相关故障

（1）故障现象描述

1）接通电源，按下左前玻璃升降器开关总成上各按钮，所有车窗都能正常工作。

2）按下其他各车门上的玻璃升降器开关，对应车窗都无法工作。

（2）通过分析得出故障可能原因

现象①：接通电源，按下左前玻璃升降器开关总成上各按钮，所有车窗都能正常工作；说明左前玻璃升降器开关总成及线路正常，各车门玻璃升降器电机及线路正常。

现象②：按下其他各车门上的玻璃升降器开关，对应车窗都无法工作；说明其他各车门上玻璃升降器开关的供电可能存在异常。

综上，故障可能原因：

1）电动车窗继电器本身故障。

2）电动车窗继电器线路故障。

（3）维修资料查阅

查阅电路图，电动车窗继电器相关电路如图2-68所示。

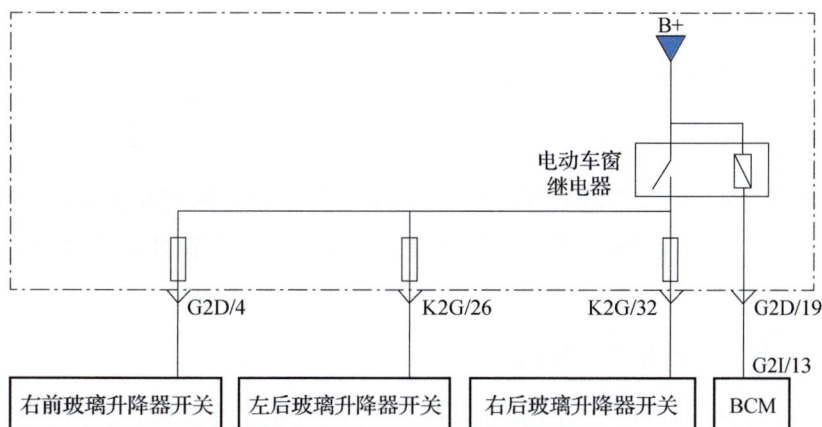

图2-68　电动车窗继电器相关电路图

（4）过程数据记录

1）接通电源，分别测量 G2D/4、K2G/26、K2G/32 对地电压，均约为 0V，不正常。

2）测量 G2I/13 对地电压，约为 0V，正常；测量 G2D/19 对地电压，约为 12V，不正常。

3）关闭电源，分别拔下 G2D 和 G2I 插头，测量 G2D/19—G2I/13 电阻，阻值无穷大，不正常，说明该段线路存在断路故障。

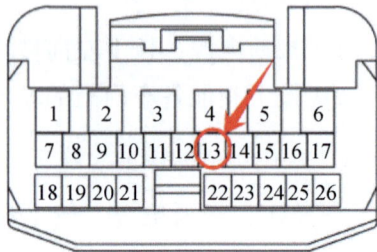

G2D/19、G2I/13 针脚位置如图 2-69 和图 2-70 所示。

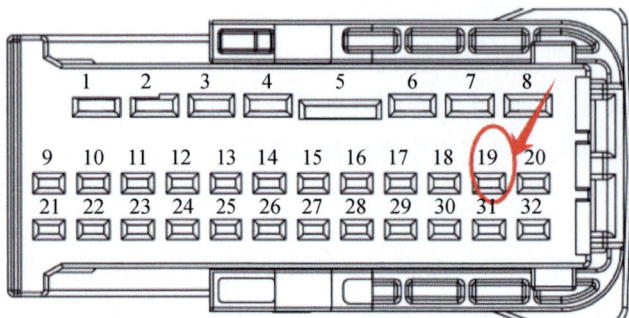

图 2-69　G2D/19 针脚位置图　　　图 2-70　G2I/13 针脚位置图

（5）故障点和故障类型

G2D/19—G2I/13 线路断路。

（6）故障机理分析

由于电动车窗继电器控制线路断路，导致电动车窗继电器不工作，使得右前、左后、右后玻璃升降器开关供电异常，从而出现按下其他各车门上的玻璃升降器开关，对应车窗都无法工作的故障现象。

4. 右后玻璃升降器开关供电故障

（1）故障现象描述

1）接通电源，按下左前玻璃升降器开关总成上各按钮，所有车窗都能正常工作。

2）按下其他各车门上的玻璃升降器开关，右前和左后车窗能正常工作，右后车窗不工作。

（2）通过分析得出故障可能原因

现象①：接通电源，按下左前玻璃升降器开关总成上各按钮，所有车窗都能正常工作；说明左前玻璃升降器开关总成及线路正常，各车门玻璃升降器电机及线路正常。

现象②：按下其他各车门上的玻璃升降器开关，右前和左后车窗能正常工作，右后车窗不工作；结合现象①，说明右后玻璃升降器开关或其供电存在异常。

综上，故障可能原因：

1）右后玻璃升降器开关本身故障。

2）右后玻璃升降器开关供电故障。

（3）维修资料查阅

查阅电路图，右后玻璃升降器开关供电电路如图2-71所示。

（4）过程数据记录

1）接通电源，测量W03/4对地电压，约为0V，不正常。

2）测量F2/24熔丝下游对地电压，约为0V，不正常；测量F2/24熔丝上游对地电压，约为12V，正常。

3）拔下F2/24熔丝，测量熔丝电阻，电阻值无穷大，不正常，说明熔丝已熔断。

4）关闭电源，断开蓄电池负极，拔下W03插头，测量F2/24下游对地电阻，约为0Ω，不正常。

5）进一步拔下WJK01插头，再次测量F2/24下游对地电阻，电阻值无穷大，正常；测量W03/4对地电阻，约为0Ω，不正常，说明该段线路对地短路。

W03/4针脚位置如图2-72所示。

（5）故障点和故障类型

W03/4—WJK01/3线路对地短路，F2/24熔丝熔断。

（6）故障机理分析

由于右后玻璃升降器开关供电线路对地短路，导致右后玻璃升降器开关供电异常，从而造成按下右后玻璃升降器开关后右后车窗不工作的故障现象。

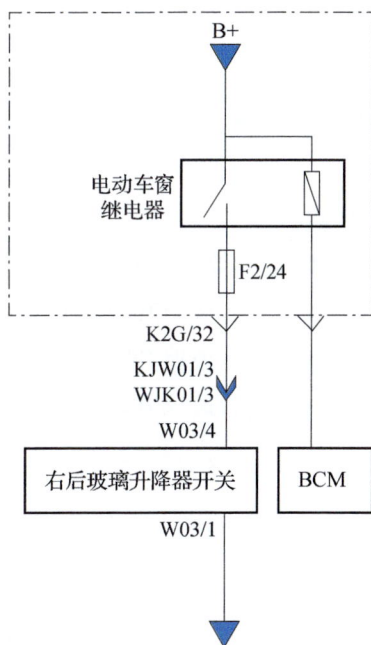

图 2-71　右后玻璃升降器开关供电电路图

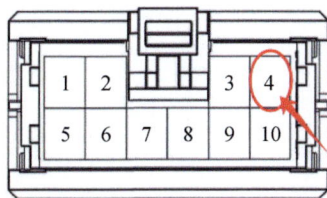

图 2-72　W03/4针脚位置图

5. 左后玻璃升降器开关内部故障

（1）故障现象描述

1）接通电源，按下左前玻璃升降器开关总成上各按钮，左后车窗不工作，其他车窗都能正常工作。

2）按下左后车门上的玻璃升降器开关，车窗上升正常，但按下降车窗不工作。

（2）通过分析得出故障可能原因

现象①：接通电源，按下左前玻璃升降器开关总成上各按钮，左后车窗不工作，其他车窗都能正常工作；说明可能左前玻璃升降器开关局部故障、左后玻璃升降器开关及线路故障、左后玻璃升降器电机及线路故障。

现象②：按下左后车门上的玻璃升降器开关，车窗上升正常，但按下降车窗不工作；由于车窗能正常上升，基本说明左后玻璃升降器电机及线路正常，左后玻璃升降器开关供电正常，故障可能为左前玻璃升降器开关总成局部故障、左后玻璃升降器开关及线路故障。

综上，故障可能原因：

1）左前玻璃升降器开关局部故障。

2）左后玻璃升降器开关故障。

3）左后玻璃升降器线路故障。

（3）维修资料查阅

查阅电路图，左后玻璃升降器开关相关电路如图 2-73 所示。

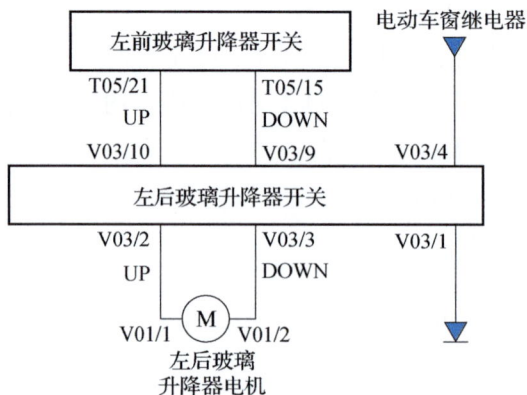

图 2-73　左后玻璃升降器开关相关电路图

（4）过程数据记录

1）接通电源，操作左前玻璃升降器开关总成上左后侧车窗开关，同时测量 T05/21—T05/15 电压（红表笔接 T05/21，黑表笔接 T05/15），当操作上升时，电压约为 12V，正常；当操作下降时，电压约为 –12V，正常。

2）用同样的方式，操作左前玻璃升降器开关总成上左后侧车窗开关，测量 V03/10—V03/09 电压，当操作上升时，电压约为 12V，正常；当操作下降时，电压约为 –12V，正常。

3）继续采用同样的方式，操作左前玻璃升降器开关总成上左后侧车窗开关，测量 V03/2—V03/3 电压，无论操作上升还是下降，电压都始终约为 0V，不正常。

4）继续测量 V03/2—V03/3 电压，此时操作左后玻璃升降器开关，进行上升操作时，电压约为 12V，正常；进行下降操作时，电压约为 0V，不正常。

5）关闭电源，拔下左后玻璃升降器开关，测量开关上 V03/9—V03/3 电阻，约为

0Ω，正常；测量开关上 V03/10—V03/2 电阻，电阻值无穷大，不正常，说明左后玻璃升降器开关内部故障。

（5）故障点和故障类型

左后玻璃升降器开关内部故障。

（6）故障机理分析

该故障机理可以根据图 2-74 进行分析。箭头所指位置为故障部位，当操作左前玻璃升降器开关总成上左后侧车窗开关时，无论操作上升还是下降，由于图示箭头所指处不导通，因此到电机的线路都无法形成完整回路，使得车窗不工作。当操作左后车门上的左后玻璃升降器开关时，当操作下降时，与前述情况相同，由于图示箭头处不导通，因此电机控制线路无法形成完整回路，使得车窗不工作；当操作上升时，箭头所指处触点开关切换到供电侧，而另一半边接地侧正常，所以车窗能正常上升。

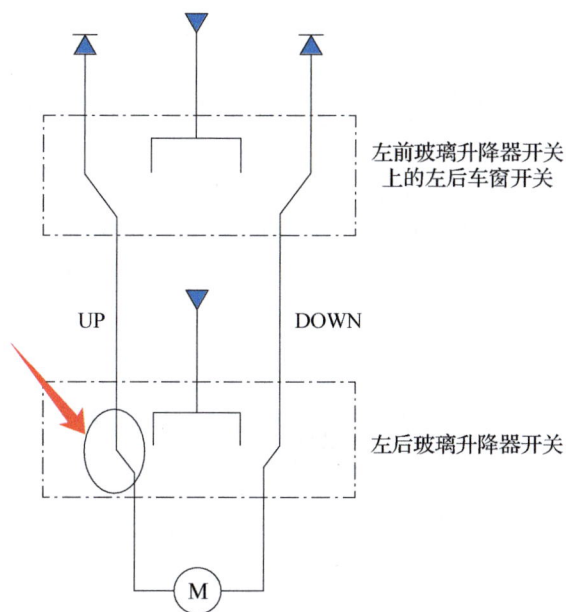

图 2-74　左后玻璃升降器开关内部故障图示

6. 右后玻璃升降器线路故障

（1）故障现象描述

1）接通电源，按下左前玻璃升降器开关总成上各按钮，右后车窗不工作，其他车窗都能正常工作。

2）按下右后车门上的玻璃升降器开关，右后车窗也不工作。

（2）通过分析得出故障可能原因

现象①：接通电源，按下左前玻璃升降器开关总成上各按钮，右后车窗不工作，其他车窗都能正常工作；说明可能左前玻璃升降器开关局部故障、右后玻璃升降器开关及线路故障、右后玻璃升降器电机及线路故障。

现象②：按下右后车门上的玻璃升降器开关，右后车窗也不工作；可能的故障原因同现象①。

综上，故障可能原因：

1）左前玻璃升降器开关局部故障。

2）右后玻璃升降器开关故障。

3）右后玻璃升降器线路故障。

4）右后玻璃升降器电机故障。

（3）维修资料查阅

查阅电路图，右后玻璃升降器线路如图 2-75 所示。

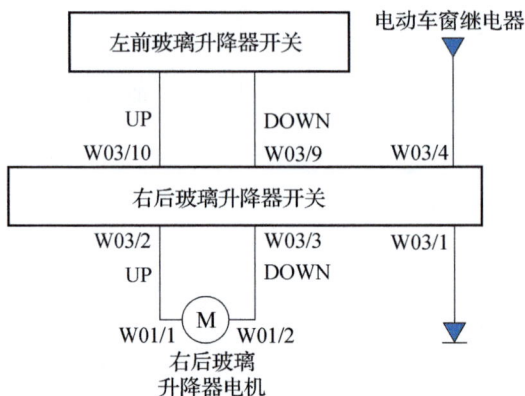

图 2-75　右后玻璃升降器线路图

（4）过程数据记录

1）接通电源，操作右后玻璃升降器开关，同时测量 W03/2—W03/3 电压，约为 12V，正常；测量 W01/1—W01/2 电压，约为 0V，不正常。

2）关闭电源，断开蓄电池负极，拔下 W03 插头，测量 W03/2—W03/3 电阻，电阻值无穷大，不正常。

3）进一步拔下 W01 插头，测量 W03/3—W01/1 电阻，约为 0Ω，正常；测量 W03/3—W01/2 电阻，电阻值无穷大，不正常，说明该段线路存在断路故障。

（5）故障点和故障类型

W03/3—W01/2 线路断路。

（6）故障机理分析

由于右后玻璃升降器电机控制线断路，导致右后车窗不工作。

7. 锁止开关线路故障

（1）故障现象描述

1）接通电源，按下左前玻璃升降器开关总成上各按钮，所有车窗都能正常工作。

2）按下其他各车门上的玻璃升降器开关，右前车窗能正常工作，左后和右后车窗不工作。

（2）通过分析得出故障可能原因

现象①：接通电源，按下左前玻璃升降器开关总成上各按钮，所有车窗都能正常工作；说明左前玻璃升降器开关总成及线路正常，各车门玻璃升降器电机及线路正常。

现象②：按下其他各车门上的玻璃升降器开关，右前车窗能正常工作，左后和右后车窗不工作；结合现象①，左后和右后玻璃升降器电机及线路正常，可能是左后和右后玻璃升降器开关同时故障，或左后和右后玻璃升降器开关供电同时故障，或后窗锁控开关或线路故障。

综上，故障可能原因：

1）左后和右后玻璃升降器开关或供电同时故障。

2）后窗锁控开关或线路故障。

（3）维修资料查阅

查阅电路图，锁止开关线路相关电路如图 2-76 所示。

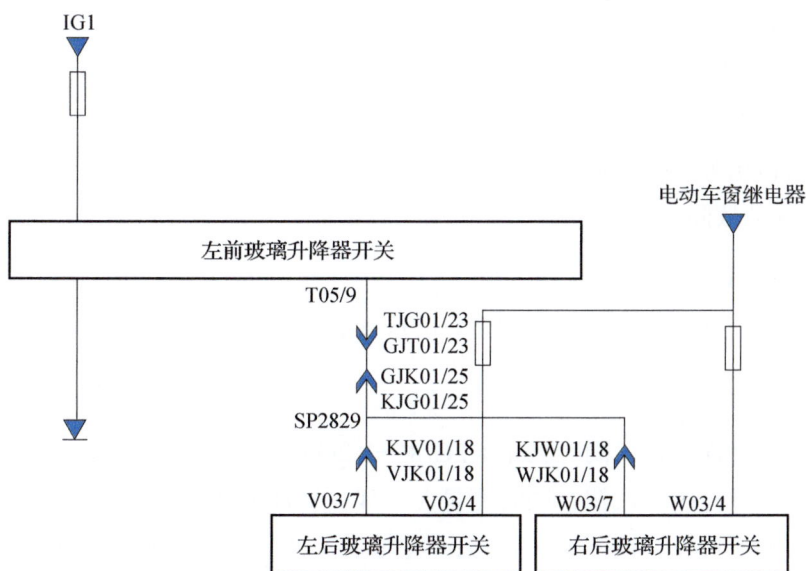

图 2-76　锁止开关线路相关电路图

（4）过程数据记录

1）接通电源，分别测量 V03/4、W03/4 对地电压，都约为 12V，正常。

2）分别测量 V03/7、W03/7 对地电压，都约为 0V，不正常；测量 T05/9 对地电压，约为 12V，正常。

3）关闭电源，断开蓄电池负极，分别拔下 T05、GJK01 插头，测量 T05/9—GJK01/25 电阻，电阻值无穷大，不正常。

4）进一步拔下 GJT01 插头，测量 GJT01/23—GJK01/25 电阻，约为 0Ω，正常；测量 T05/9—TJG01/23 电阻，电阻值无穷大，不正常，说明该段线路存在断路故障。

（5）故障点和故障类型

T05/9—TJG01/23 线路断路。

（6）故障机理分析

由于锁止开关线路故障，导致左后和右后车窗不工作。

8. 左后门锁电机线路故障

（1）故障现象描述

通过遥控、无钥匙等方式进行落锁控制，左后车门无法锁止，其他车门能正常锁止。

（2）通过分析得出故障可能原因

现象：通过遥控、无钥匙等方式进行落锁控制，左后车门无法锁止，其他车门能正常锁止；说明其他门锁及线路正常，中控锁供电也无异常，故障可能在左后门锁本身或其线路故障、BCM 局部故障。

综上，故障可能原因：

1）左后门锁本身故障。

2）左后门锁相关线路故障。

3）BCM 局部故障。

（3）维修资料查阅

查阅电路图，左后门锁相关电路如图 2-77 所示。

（4）过程数据记录

1）按下遥控闭锁按钮，同时测量 K2G/8—K2G/6 电压，约为 12V，正常。

2）再次按下遥控闭锁按钮，同时测量 V04/4—V04/3 电压，约为 0V，不正常。

3）断开蓄电池负极，拔下 K2G 插头，测量 K2G/8—K2G/6 电阻，电阻值无穷大，不正常。

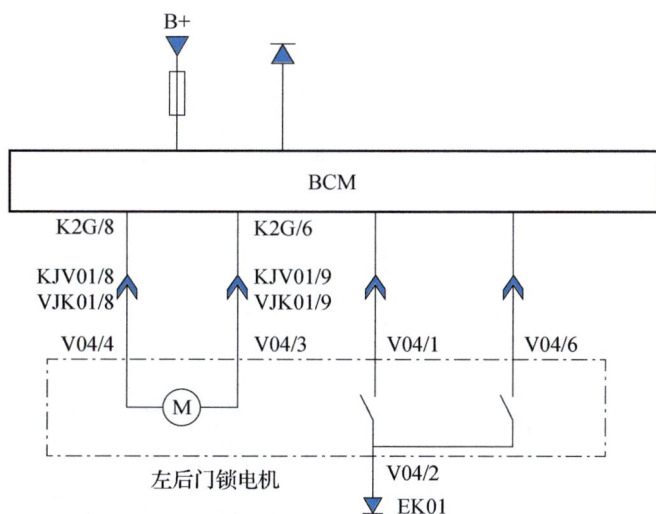

图2-77　左后门锁相关电路图

4）进一步拔下 V04 插头，测量 V04/4—K2G/8 电阻，约为 0Ω，正常；测量 V04/3—K2G/6 电阻，电阻值无穷大，不正常。

5）进一步拔下 KJV01 插头，测量 K2G/6—KJV01/9 电阻，约为 0Ω，正常；测量 V04/3—VJK01/9 电阻，电阻值无穷大，不正常，说明该段线路存在断路故障。

（5）故障点和故障类型

V04/3—VJK01/9 线路断路。

（6）故障机理分析

由于左后门锁电机控制线路断路，导致左后门锁不工作。

9. 右前门锁门控信号故障

（1）故障现象描述

右前车门无论是打开还是关闭，仪表上都始终显示右前门处于打开状态，其他车门状态能正常变化。

（2）通过分析得出故障可能原因

现象：右前车门无论是打开还是关闭，仪表上都始终显示右前门处于打开状态，其他车门状态能正常变化；说明其他车门状态信号正常，故障可能在右前门控本身或其线路故障、BCM 局部故障。

综上，故障可能原因：

1）右前门锁本身故障。

2）右前门锁线路故障。

3）BCM 局部故障。

（3）维修资料查阅

查阅电路图，右前门锁相关电路如图 2-78 所示。

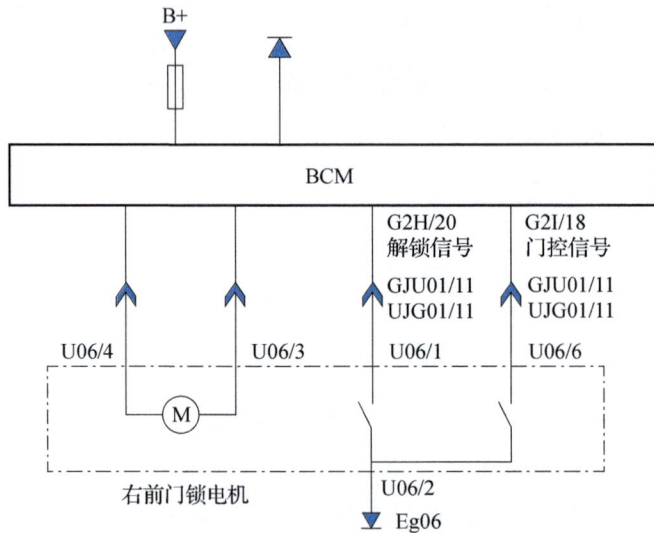

图 2-78　右前门锁相关电路图

（4）过程数据记录

1）打开右前车门，测量 G2I/18 对地电压，约为 0V，正常。

2）关闭右前车门，测量 G2I/18 对地电压，依然约为 0V，不正常。

3）拔下 U06 插头，测量 G2I/18 对地电压，约为 12V，正常。

4）测量右前门锁电机总成上 U06/6—U06/2 电阻，同时人为操作门锁锁舌打开/关闭，阻值始终约为 0Ω，不正常，说明右前门锁总成内部门控触点部分损坏。

（5）故障点和故障类型

右前门锁总成内部门控部分损坏。

（6）故障机理分析

由于右前门锁门控部分损坏，导致 BCM 始终接收到一个低电平，使得 BCM 认为右前车门一直处于打开状态，从而出现上述故障现象。

10.门锁供电线路故障

（1）故障现象描述

通过遥控、无钥匙等方式进行落锁控制，所有车门无法锁止。

（2）通过分析得出故障可能原因

现象：通过遥控、无钥匙等方式进行落锁控制，所有车门无法锁止；说明门锁公共部分可能存在异常。

综上，故障可能原因：

1）BCM局部故障。

2）门锁供电故障。

3）相关线路故障。

（3）维修资料查阅

查阅电路图，门锁供电电路如图2-79所示。

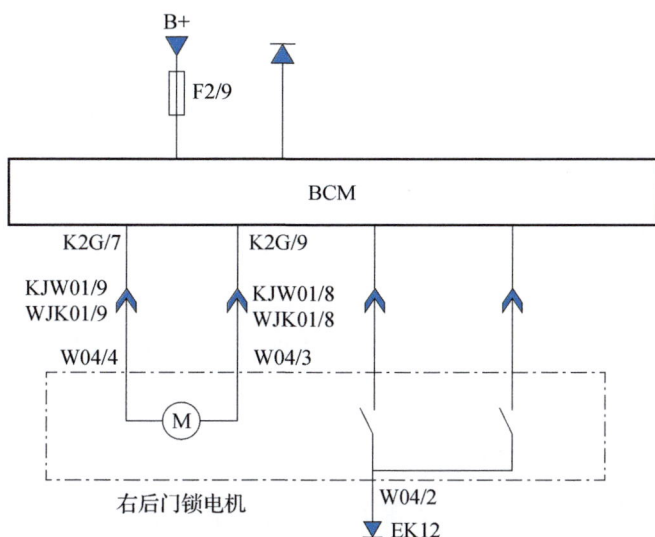

图2-79　门锁供电电路图

（4）过程数据记录

1）测量F2/9熔丝下游对地电压，约为0V，不正常；测量F2/9熔丝上游对地电压，约为12V，正常。

2）拔下F2/9熔丝，测量熔丝电阻，电阻值无穷大，不正常，说明熔丝已熔断。

3）关闭电源，断开蓄电池负极，测量F2/9下游对地电阻，电阻值无穷大，正常。

4）尝试更换相同型号熔丝，装复蓄电池负极，再次执行落锁控制，门锁依然无法锁止，同时可以观察到新更换的熔丝再次熔断，说明相关门锁线路可能存在对地短路。

5）关闭电源，断开蓄电池负极，逐个测量各门锁电机控制线对地电阻，测量到K2G/9对地电阻，约为0Ω，不正常；分别拔下K2G、KJW01插头，再次测量K2G/9对地电阻，依然约为0Ω，不正常，说明该段线路存在对地短路故障。

K2G/9 针脚位置如图 2-80 所示。

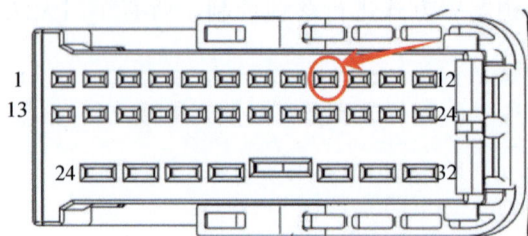

图 2-80　K2G/9 针脚位置图

（5）故障点和故障类型

K2G/9—KJW01/8 对地短路。

（6）故障机理分析

由于右后门锁电机控制线对地短路，导致在控制门锁落锁时电流过大，从而使熔丝熔断。

11. 行李舱盖锁故障

（1）故障现象描述

通过遥控、行李舱盖锁开关等方式进行行李舱盖锁控制，行李舱盖无法正常解锁，对其他车门进行落锁控制，四个车门能正常锁止。

（2）通过分析得出故障可能原因

现象：通过遥控、行李舱盖锁开关等方式进行行李舱盖锁控制，行李舱盖无法正常解锁，对其他车门进行落锁控制，四个车门能正常锁止；说明门锁供电正常，故障可能在行李舱盖锁电机及线路。

综上，故障可能原因：

1）行李舱盖锁电机故障。

2）行李舱盖锁电机线路故障。

3）BCM 局部故障。

（3）维修资料查阅

查阅电路图，行李舱盖锁相关电路如图 2-81 所示。

（4）过程数据记录

1）对行李舱盖锁进行解锁操作，同时测量 K24/1 对地电压，始终约为 0V，不正常。

2）同样状态下，测量 K2G/10 对地电压，操作时电压约为 12V，未操作时电压约为

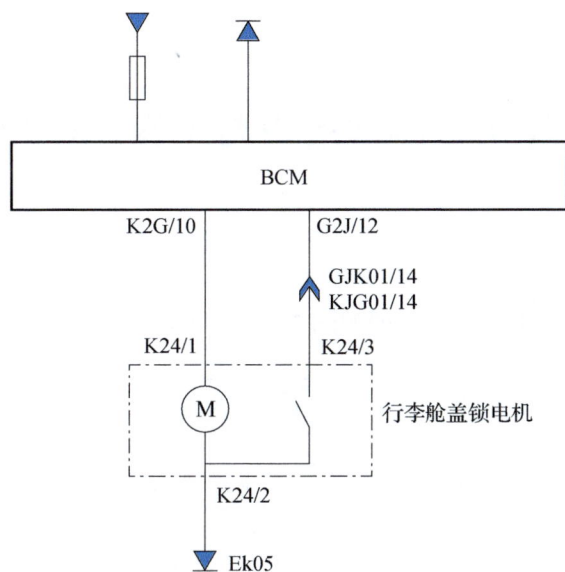

图 2-81　行李舱盖锁相关电路图

0V，正常。

3）断开蓄电池负极，拔下 K2G 插头，测量 K2G/10 对地电阻，电阻值无穷大，不正常；进一步断开 K24 插接器，测量 K2G/10—K24/1 电阻，电阻值无穷大，不正常，说明该段线路存在断路故障。

（5）故障点和故障类型

K2G/10—K24/1 线路断路。

（6）故障机理分析

由于行李舱盖锁电机控制线路断路，导致行李舱盖无法正常解锁。

四、小结

比亚迪秦 EV 舒适系统部分，车窗系统以左前玻璃升降器开关为核心，连接其他三个车门玻璃升降器开关，涉及玻璃升降器电机、电动车窗继电器等。左前玻璃升降器开关的工作电源独立，而右前、左后、右后玻璃升降器开关的工作电源均来自电动车窗继电器，各经过一个熔丝后到达各玻璃升降器开关。中控系统部分，以 BCM 为核心，涉及各车门门锁电机。中控系统的各门锁电机总成内有两个开关，分别是解锁信号和门控信号，其中解锁信号反馈车辆门锁是否落锁，门控信号反馈车门是否关闭。在车门关闭时，门控信号开关处于断开状态，在车辆落锁时，解锁信号开关处于断开状态。

第六节　比亚迪秦 EV 灯光系统故障诊断

一、控制原理分析

比亚迪秦 EV 前照灯部分相关原理如图 2-82 所示。

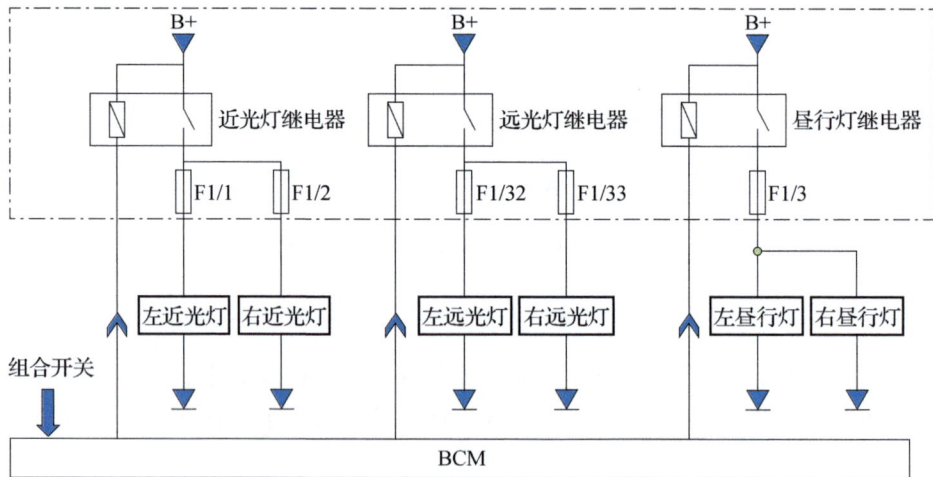

图 2-82　比亚迪秦 EV 前照灯部分相关原理图

比亚迪秦 EV 后尾灯部分相关原理如图 2-83 所示。

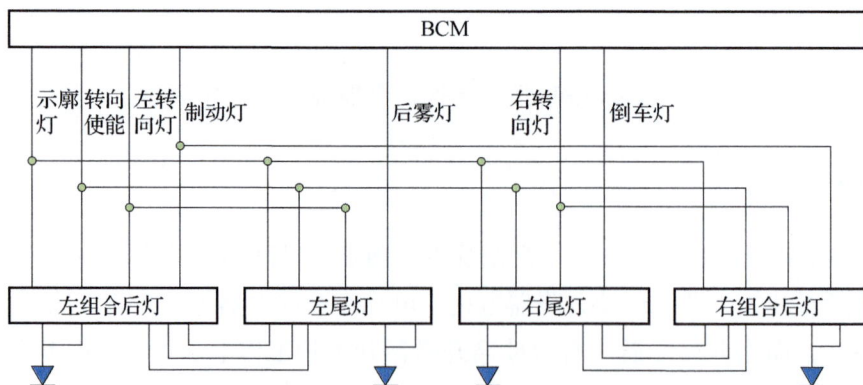

图 2-83　比亚迪秦 EV 后尾灯部分相关原理图

灯光系统主要涉及前照灯、后尾灯以及车内灯，这里主要针对前照灯和后尾灯部分进行阐述。前照灯和后尾灯都由 BCM 进行控制，开启相应的灯光开关，信号发送给 BCM，BCM 控制相应的灯光点亮或控制相应的灯光继电器工作。

二、诊断分析思路

根据灯光系统控制流程，要使相应的灯光正常点亮，需要相应的灯光开关及线路正常，BCM正常，相应的灯光及线路正常。由于各档位的灯光往往涉及前后左右多个位置，所以可以通过观察其他位置的灯是否点亮来初步判断是灯光开关或BCM故障，还是相应的灯光本身及线路故障。

三、故障点分析

1.近光灯继电器故障

（1）故障现象描述

接通电源，打到近光灯档，示廓灯正常点亮，近光灯不亮。

（2）通过分析得出故障可能原因

现象：接通电源，打到近光灯档，示廓灯正常点亮，近光灯不亮；说明灯光开关近光档故障，或近光灯本身或线路故障，或近光灯继电器或线路故障，或BCM局部故障。

综上，故障可能原因：

1）左右近光灯本身或线路同时损坏。

2）近光灯继电器及线路故障。

3）灯光开关及线路故障。

4）BCM局部故障。

（3）维修资料查阅

查阅电路图，近光灯相关电路如图2-84所示。

（4）过程数据记录

1）接通电源，打到近光灯档，分别测量F1/1、F1/2对地电压，均约为0V，不正常。

2）测量B1D/35对地电压，约0V，正常；关闭近光灯档，再次测量B1D/35对地电压，约12V，正常。

3）拔下近光灯继电器，测量近光灯继电器线圈电阻，约105Ω，正常；进行近光灯继电器元件测试，测量近光灯继电器触点两端电阻，电阻值无穷大，不正常，说明近光灯继电器内部触点损坏。

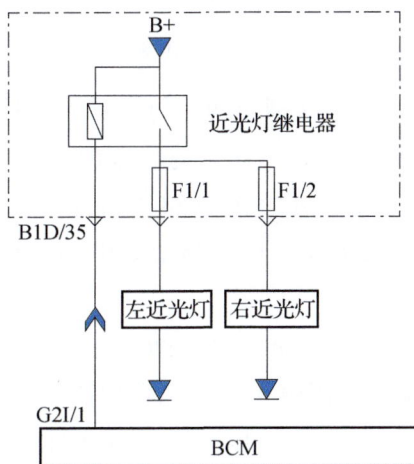

图2-84　近光灯相关电路图

（5）故障点和故障类型

近光灯继电器内部触点损坏。

（6）故障机理分析

由于近光灯继电器内部触点损坏，导致电源无法通过继电器触点提供给近光灯，使得近光灯不亮。

2. 远光灯继电器控制线故障

（1）故障现象描述

接通电源，打到远光灯档，示廓灯和近光灯正常点亮，远光灯不亮。

（2）通过分析得出故障可能原因

现象：接通电源，打到远光灯档，示廓灯和近光灯正常点亮，远光灯不亮；说明灯光开关远光档故障，或远光灯本身或线路故障，或远光灯继电器或线路故障，或 BCM 局部故障。

综上，故障可能原因：

1）左、右远光灯本身或线路同时损坏。

2）远光灯继电器及线路故障。

3）灯光开关及线路故障。

4）BCM 局部故障。

（3）维修资料查阅

查阅电路图，远光灯相关电路如图 2-85 所示。

（4）过程数据记录

1）接通电源，打到远光灯档，分别测量 F1/32、F1/33 对地电压，均约为 0V，不正常。

2）测量 B1D/34 对地电压，约为 12V，不正常；关闭远光灯档，测量 G2I/7 对地电压，约为 0V，不正常。

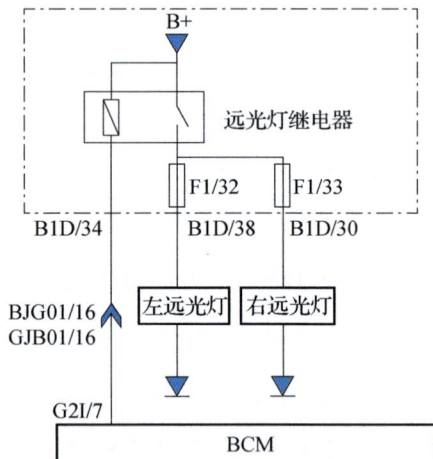

图 2-85　远光灯相关电路图

3）关闭电源，断开蓄电池负极，分别拔下 G2I、B1D 插头，测量 G2I/7—B1D/34 电阻，电阻值无穷大，不正常。

4）进一步拔下 GJB01 插头，测量 G2I/7—GJB01/16 电阻，约为 0Ω，正常；测量 BJG01/16—B1D/34 电阻，电阻值无穷大，不正常，说明该段线路存在断路故障。

B1D/34 针脚位置如图 2-86 所示。

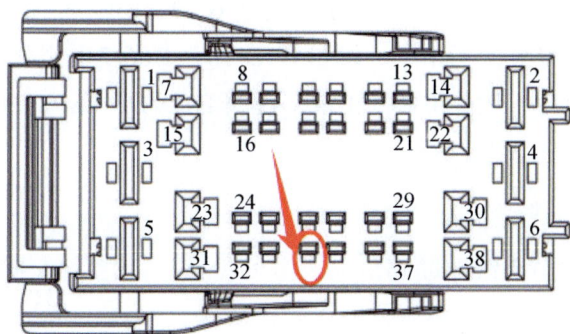

图 2-86　B1D/34 针脚位置图

（5）故障点和故障类型

BJG01/16—B1D/34 线路断路。

（6）故障机理分析

由于远光灯继电器线圈控制线断路，导致远光灯继电器不工作，使得远光灯不亮。

3. 昼行灯线路故障

（1）故障现象描述

接通电源，昼行灯不亮，其他灯光能正常控制。

（2）通过分析得出故障可能原因

现象：接通电源，昼行灯不亮，其他灯光能正常控制；说明昼行灯相关部分存在异常，包括昼行灯继电器及线路、昼行灯本身及线路、BCM 局部故障。

综上，故障可能原因：

1）左、右昼行灯本身或线路同时损坏。

2）昼行灯继电器及线路故障。

3）BCM 局部故障。

（3）维修资料查阅

查阅电路图，昼行灯相关电路如图 2-87 所示。

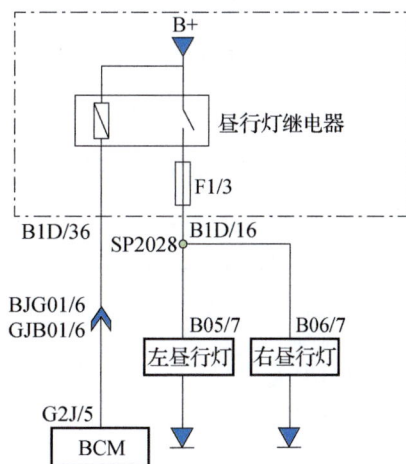

图 2-87　昼行灯相关电路图

（4）过程数据记录

1）接通电源，测量 F1/3 对地电压，约为 12V，正常。

2）分别测量 B05/7、B06/7 对地电压，均约为 0V，不正常。

3）测量 B1D/16 对地电压，约为 12V，正常。

4）关闭电源，断开蓄电池负极，分别拔下 B1D、B05 和 B06 插头，测量 B1D/16—B05/7 电阻，电阻值无穷大，不正常；测量 B1D/16—B06/7 电阻，电阻值无穷大，不正常；测量 B05/7—B06/7 电阻，约为 0Ω，正常，说明 B1D/16—SP2028 节点存在断路故障。

B05/7 针脚位置如图 2-88 所示。

（5）故障点和故障类型

B1D/16—SP2028 节点线路断路。

（6）故障机理分析

由于昼行灯控制线总路存在断路，导致昼行灯不亮。

4. 转向使能信号故障

（1）故障现象描述

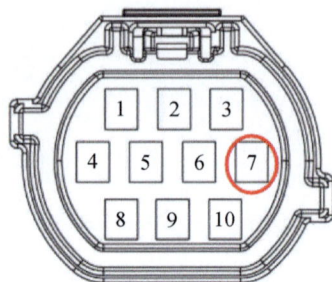

图 2-88　B05/7 针脚位置图

接通电源，打到左转向灯或右转向灯档，转向灯可闪烁，但后部转向灯没有流水状态，打开危险警告灯也是同样情况。

（2）通过分析得出故障可能原因

现象：接通电源，打到左转向灯或右转向灯档，转向灯可闪烁，但后部转向灯没有流水状态，打开危险警告灯也是同样情况；说明可能是控制转向灯流水状态的线路存在异常。

综上，故障可能原因：

1）控制转向灯流水状态线路故障。

2）BCM 局部故障。

（3）维修资料查阅

查阅电路图，转向灯相关电路如图 2-89 所示。

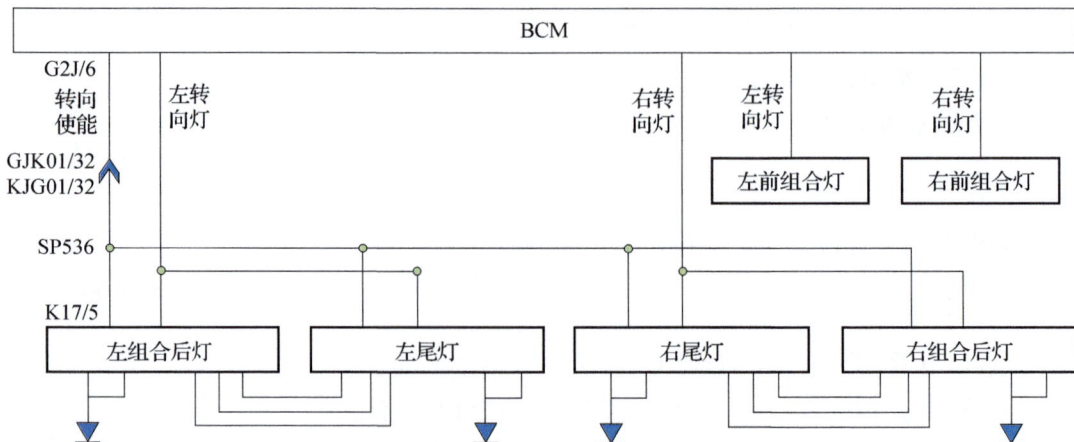

图 2-89　转向灯相关电路图

（4）过程数据记录

1）打开危险警告灯，测量 G2J/6 对地波形，不正常，如图 2-90 所示。

2）断开蓄电池负极，分别拔下 G2J 和 GJK01 插头，测量 G2J/6—GJK01/32 电阻，电阻值无穷大，不正常，说明该段线路存在断路故障。

G2J/6 针脚位置如图 2-91 所示。

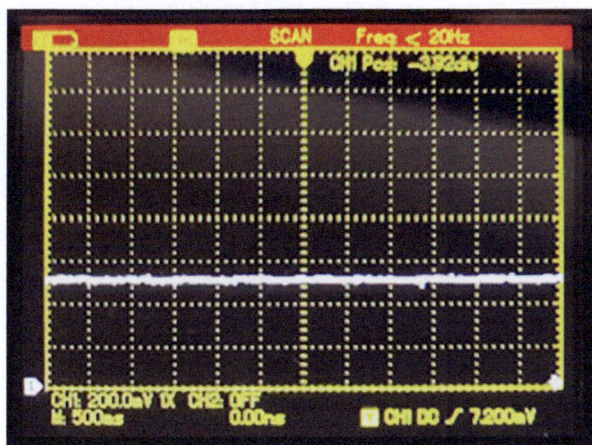

图 2-90　G2J/6 对地故障波形

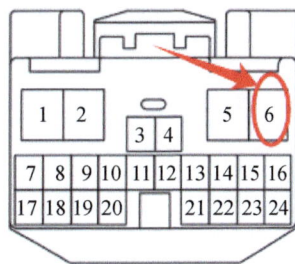

图 2-91　G2J/6 针脚位置图

（5）故障点和故障类型

G2J/6—GJK01/32 线路断路。

（6）故障机理分析

由于转向使能线路断路，导致转向灯工作时没有流水状态。

修复故障后，再次打开危险警告灯，测量 G2J/6 对地波形，如图 2-92 所示。

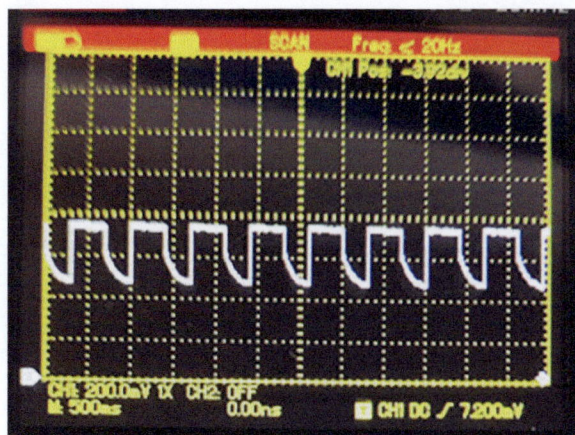

图 2-92　G2J/6 对地正常波形

四、小结

比亚迪秦 EV 灯光系统部分，以 BCM 为核心，涉及到各灯光，如昼行灯、近光灯、远光灯继电器，灯光开关等。灯光系统控制逻辑相对比较简单，且各部分相互独立性较强，在诊断中需要准确观察故障现象，根据现象针对性地去进行检查。昼行灯、近光灯和远光灯各有一个继电器独立控制相关灯光的供电，左、右昼行灯共用一个熔丝，左、右近光灯和左、右远光灯则各自经过单独的熔丝供电。后部转向灯有流水状态功能，单独的一个转向使能信号同时传给各转向灯，当该信号出现异常时，转向灯可以闪烁，但没有流水状态。

第三章　比亚迪元 PLUS 电气故障诊断

比亚迪元 PLUS 车型电气技术概述

一、整车概述

比亚迪元 PLUS 是比亚迪王朝系列一款紧凑型 SUV 纯电动汽车，如图 3-1 所示，首款车型于 2022 年 2 月上市，搭载全新的比亚迪 DiLink4.0 平台（DiLink 智能网联系统是比亚迪基于移动互联、人工智能、语音识别、车联网、大数据等最新技术和用户洞察，通过软硬件创新，完全独立自主研发的智能网联系统）。动力电池采用磷酸铁锂电池，刀片电池技术，电池采用直冷方式冷却，快充时间为 0.5h，慢充时间为 8.6h，电池能量为 49.92~60.48kW·h，能量密度为 140~150W·h/kg。驱动电机采用永磁同步电机，驱动电机最大功率为 150kW，最大转矩为 310N·m。CLTC（中国轻型汽车行驶工况）纯电续驶里程为 430~510km，百公里耗电量为 12.2~12.5kW·h。

图 3-1　比亚迪元 PLUS 车型外观

二、整车供电

比亚迪元 PLUS 整车低压供电架构如图 3-2 所示，蓄电池正极首先到达位于蓄电池侧面的正极熔丝盒，经过 F3、F5 熔丝后分别去往左域和右域，经过 F4 熔丝后去往仪表板配电盒，F2 熔丝则直接连到位于蓄电池旁边的前舱配电盒。在前舱配电盒内，经过 F49 熔丝后，一路给前舱配电盒供电，一路经过 F50 熔丝后去往 C-EPS，一路经过 F53 熔丝后去往无极风扇。DC/DC 变换器发出的电到达前舱配电盒后，连接在 F49 后端，与 F49 并联给前舱配电盒、F50、F53 供电。整车低压供电架构实物如图 3-3 所示。

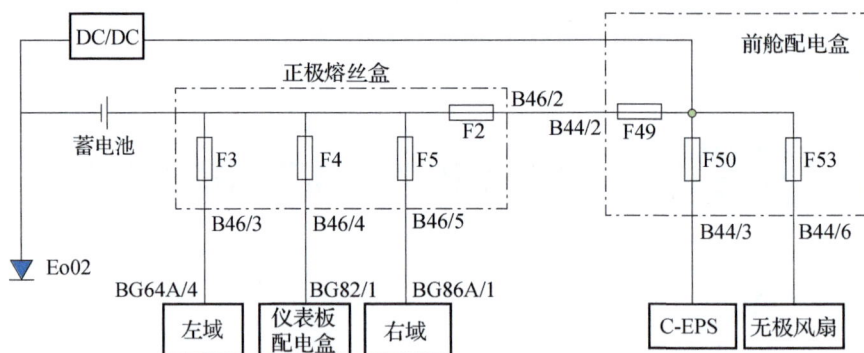

图 3-2　比亚迪元 PLUS 整车低压供电架构

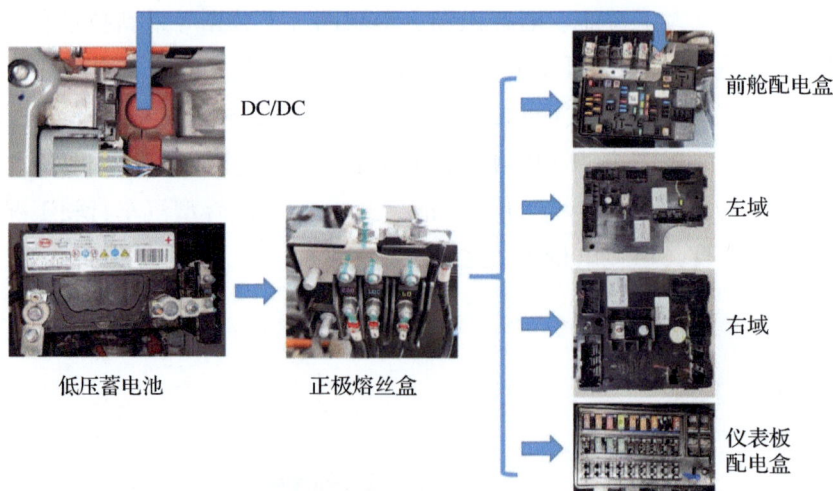

图 3-3　比亚迪元 PLUS 整车低压供电架构实物图

比亚迪元 PLUS 整车高压供电架构如图 3-4 所示，动力电池的高压由高压母线输出，连接到集成式智能前驱总成（VBM）。对外输出三路高压线束连接，分别连接到压缩机、直流充电口、交流充电口，电机控制器及驱动电机集成在 VBM 内部，所以在外部无电机高压线束连接。VBM 内部高压配电结构如图 3-5 所示。

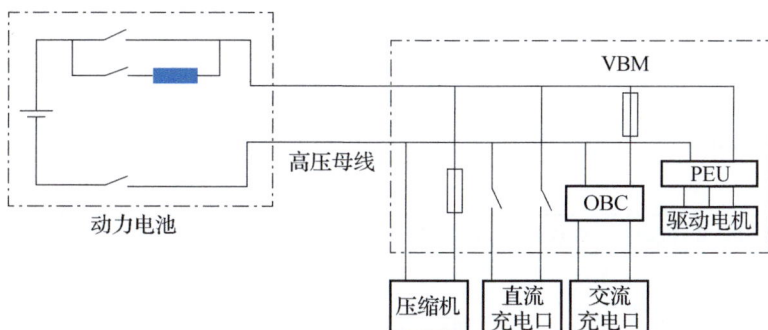

图 3-4　比亚迪元 PLUS 整车高压供电架构

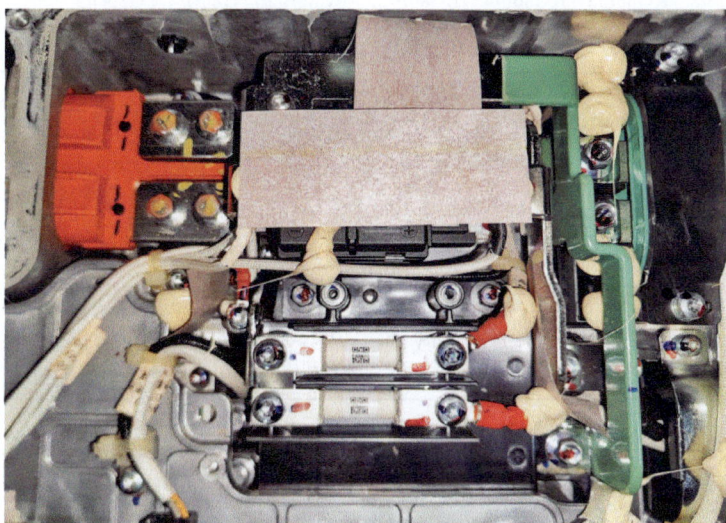

图 3-5　VBM 内部高压配电结构图

三、整车网络

比亚迪元 PLUS 整车网络分为智能进入网、底盘网、能量网、车身网，以及充电子网、智能进入子网，网关集成在右域。诊断仪对车辆进行诊断时，通过位于诊断口的底盘网与车辆进行通信。其中对于底盘网的模块直接进行通信，对于智能进入网、能量网、车身网的模块则通过右域内的网关中转后进行通信。左域同时连接智能进入网、能量网和车身网，这使得不论是上低压还是上高压，或者舒适及灯光相关控制，左域都可以直接与相关模块进行信息交换，而不需要经过右域中转，诊断仪对左域通过车身网进行诊断。

1. 诊断口

诊断口系统如图 3-6 所示，诊断口为国际标准 OBD-Ⅱ诊断接口，连接有底盘网、智能进入网、能量网、车身网、电池子网等网络。

图 3-6　诊断口系统图

2. 智能进入网

智能进入网系统如图 3-7 所示，包括左域、高频接收模块、智能进入模块（连接在智能进入子网）、组合仪表、后域、多媒体、蓝牙模块、自动泊车等。智能进入网有三个终端电阻，一端位于右域内，一端位于左域内，另一端单独位于诊断接口处。

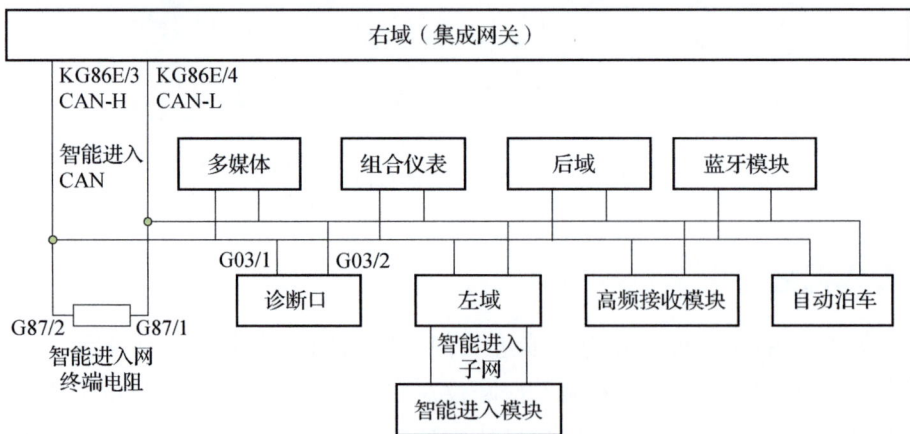

图 3-7　智能进入网系统图

3. 底盘网

底盘网系统如图 3-8 所示，包括后域、自动泊车、MPC、PAD、ACC、IPB、EPB、SRS、C-EPS、左后 / 右后毫米波雷达等。终端电阻一端位于右域内，另一端单独位于右后侧轮胎上方。

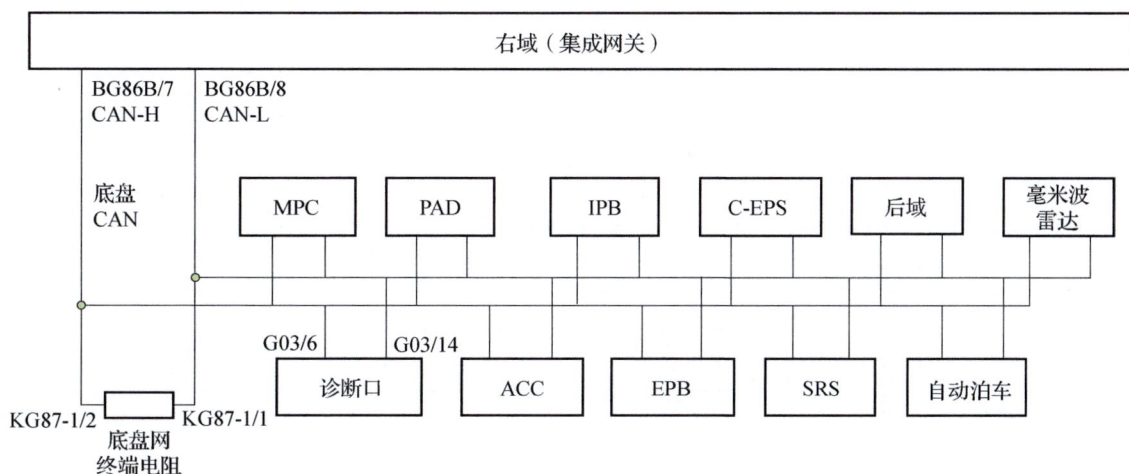

图 3-8　底盘网系统图

4. 能量网

能量网系统如图 3-9 所示，包括左域、VBM、电池包（连接在电池子网）、PAD、电动压缩机、换档操纵面板等。终端电阻一端位于右域内，另一端位于 VBM 内。

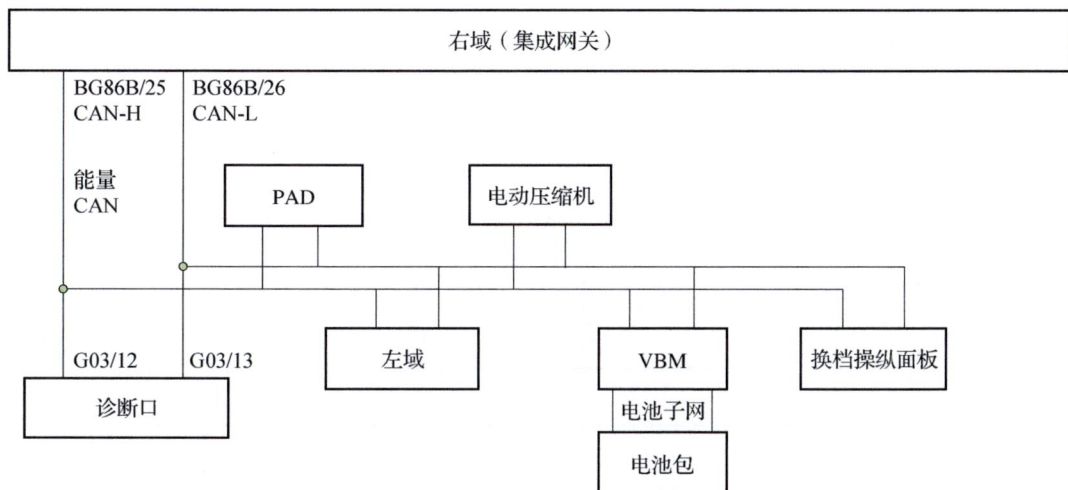

图 3-9　能量网系统图

5. 车身网

车身网系统如图 3-10 所示，包括左域、组合仪表、组合开关、时钟弹簧、PAD 旋转电机、无线充电、PM2.5 等。终端电阻一端位于右域内，另一端位于左域内。

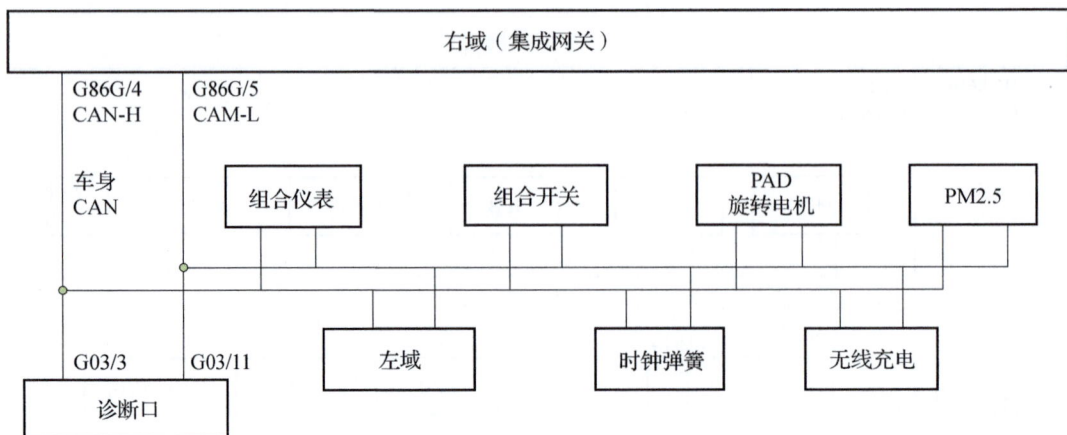

图 3-10　车身网系统图

第二节　比亚迪元 PLUS 低压不上电故障诊断

一、控制原理分析

比亚迪元 PLUS 低压电源接通过程原理如图 3-11 所示。

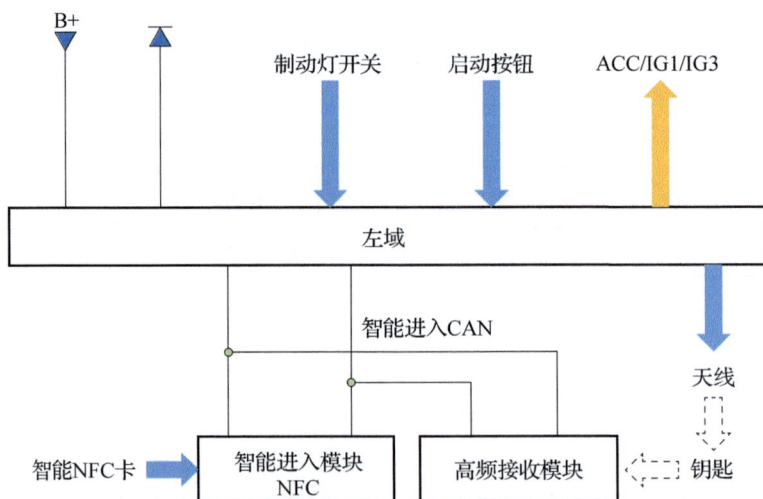

图 3-11　比亚迪元 PLUS 低压电源接通过程原理图

比亚迪元 PLUS 低压电源接通有多种方式，包括常规的非智能上电、智能上电、应急上电、近场通信（NFC）方式上电。

采用常规的非智能上电方式：踩下制动踏板，同时按下启动按钮（集成在换档操纵面板上），制动灯开关和启动按钮信号发送给左域，左域通过其所连接的天线发送低频信号激活钥匙，钥匙发送高频信号将信息反馈给高频接收模块，高频接收模块通过智能进入 CAN 通信将信息发送给左域，左域控制接通 ACC/IG1 继电器，完成低压电源接通过程。

智能上电：踩下制动踏板，制动灯开关信号发送给左域，左域通过其所连接的天线发送低频信号激活钥匙，钥匙发送高频信号将信息反馈给高频接收模块，高频接收模块通过智能进入 CAN 通信将信息发送给左域，左域控制接通 ACC/IG1 继电器，完成低压电源接通过程。

应急上电：当遇到钥匙没电或高频模块损坏等情况时，将钥匙放到中间通道的应急天线位置，此时踩下制动踏板或同时按下启动按钮，信号发送给左域，左域通过应急天线接收钥匙信息，然后控制接通 ACC/IG1 继电器，完成低压电源接通过程。另外，当制动灯开关失效时，长按启动按钮 15s 也可以应急上电。

NFC 方式上电：将经过比亚迪匹配的智能 NFC 卡，靠近位于左外后视镜内的智能进入模块 NFC，NFC 识别后通过智能进入 CAN 将信号发送给左域，左域控制车辆解锁，此时进入车内，踩下制动踏板或同时按下启动按钮，信号发送给左域，左域控制接通 ACC/IG1 继电器，完成低压电源接通过程。

二、诊断分析思路

根据低压电源接通控制流程，要正常接通电源，需要启动按钮及其线路正常，制动灯开关及其线路正常，BCM 及其线路正常，IKEY 及其线路正常，BCM 与 IKEY 之间的启动子网 CAN 正常，天线及钥匙正常。

通过按压门把手观察钥匙指示灯是否能亮来初步判断 IKEY 电源接地及 IKEY 本身是否正常，通过按压启动按钮观察仪表是否有提示来初步判断启动按钮及线路是否正常。

三、故障点分析

1.制动灯开关故障

（1）故障现象描述

1）踩下制动踏板，同时按下启动按钮，仪表显示"启动时，踩下制动踏板"，如图 3-12 所示。

2）单独踩下制动踏板，无任何反应；采用

图3-12　仪表显示"启动时，踩下制动踏板"

应急方式，长按启动按钮 15s 以上，车辆可以正常上电。

（2）通过分析得出故障可能原因

现象①：踩下制动踏板，同时按下启动按钮，仪表显示"启动时，踩下制动踏板"；说明左域无法正确接收制动踏板信号。

现象②：单独踩下制动踏板，无任何反应；采用应急方式，长按启动按钮 15s 以上，车辆可以正常上电；进一步说明左域对制动踏板信号的接收存在异常。

综上，故障可能原因：

1）制动灯开关本身故障。

2）制动灯开关线路故障。

3）左域局部故障。

（3）维修资料查阅

查阅电路图，制动灯开关相关电路如图 3-13 所示。

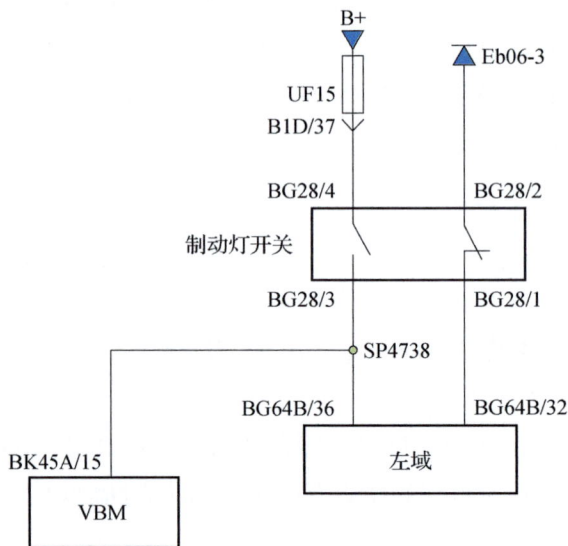

图 3-13　制动灯开关相关电路图

（4）过程数据记录

1）未踩制动踏板时，分别测量 BG28/3、BG28/1 对地电压，均约为 0V，正常。

2）踩下制动踏板后，分别测量 BG28/3、BG28/1 对地电压，BG28/3 电压约为 0V，不正常，BG28/1 电压约为 12V，正常。

3）测量 BG28/4 对地电压，约为 12V，正常；拔下 BG28 插头，拆下制动灯开关，测量制动灯开关上 BG28/4—BG28/3 之间电阻，不论是否压下伸缩杆，电阻值始终无穷大，不正常，说明制动灯开关本身损坏。

（5）故障点和故障类型

制动灯开关本身故障。

（6）故障机理分析

由于制动灯开关本身故障，导致踩下制动踏板后，制动灯开关常开触点无法闭合，从而造成左域无法正确接收制动灯开关状态信号，车辆无法上电。制动灯开关实物内部结构如图3-14所示，包含伸缩杆、触片、弹簧、针脚等。

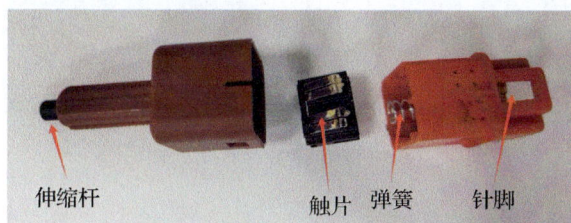

图 3-14　制动灯开关实物内部结构图

当未踩制动踏板时，伸缩杆在制动踏板臂的作用下被顶回，触片克服弹簧力被压下，此时位于底部的1#和2#触点导通，3#和4#触点不导通，如图3-15所示。当踩下制动踏板时，伸缩杆在弹簧力的作用下伸出，触片也同步被推上，此时1#和2#触点不导通，3#和4#触点导通，如图3-16所示。

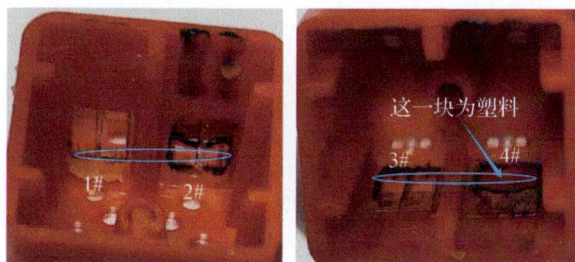

图 3-15　1#和2#触点导通，3#和4#触点不导通

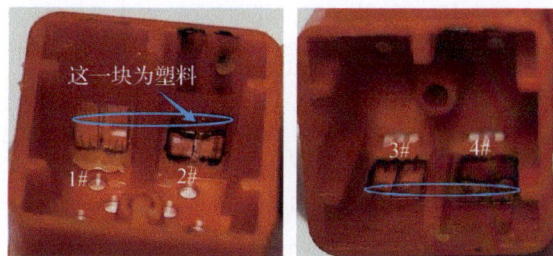

图 3-16　1#和2#触点不导通，3#和4#触点导通

2.高频接收模块供电故障

（1）故障现象描述

踩下制动踏板，同时按下启动按钮，车辆无法上电，钥匙指示灯闪烁，仪表显示"未检测到钥匙"，如图 3-17 所示。

图 3-17　仪表显示"未检测到钥匙"

（2）通过分析得出故障可能原因

现象：踩下制动踏板，同时按下启动按钮，车辆无法上电，钥匙指示灯闪烁，仪表显示"未检测到钥匙"；说明左域已通过天线激活了钥匙，但钥匙信息传输回左域的过程存在异常。

综上，故障可能原因：

1）高频接收模块及线路故障。

2）智能进入 CAN 故障。

3）左域局部故障。

4）钥匙本身故障。

（3）维修资料查阅

查阅电路图，高频接收模块相关电路如图 3-18 所示。

（4）过程数据记录

1）测量 K12/3—K12/5 电压，约为 0V，不正常。

2）测量 K12/3 对地电压，约为 0V，不正常。

3）测量 IF06 熔丝下游对地电压，约为 0V，不正常；测量 IF06 熔丝上游对地电压，约为 12V，正常。

4）拔下 IF06 熔丝，测量熔丝电阻，电阻值无穷大，说明 IF06 熔丝损坏，IF06 熔丝位置如图 3-19 所示。

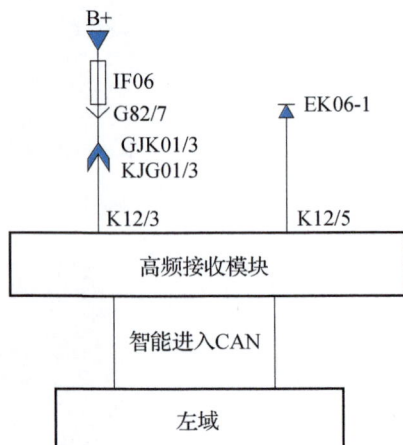

图 3-18　高频接收模块相关电路图

图 3-19　IF06 熔丝位置图

5）断开蓄电池负极，拔下 K12 插头，测量 K12/3 对地电阻，约为 0Ω，不正常；进一步拔下 KJG01 插头，再次测量 K12/3 对地电阻，依然约为 0Ω，不正常，说明该段线路存在对地短路故障。

（5）故障点和故障类型

K12/3—KJG01/3 线路对地短路，IF06 熔丝损坏。

（6）故障机理分析

由于高频接收模块供电线路故障，导致高频接收模块不工作，使得钥匙信号无法通过高频接收模块传输给左域，从而出现车辆无法上电，仪表显示未检测到钥匙的故障现象。高频接收模块实物如图 3-20 所示。

图 3-20　高频接收模块实物图

3. 启动按钮故障

（1）故障现象描述

1）踩下制动踏板，同时按下启动按钮，钥匙指示灯闪烁，车辆无其他反应。

2）单独踩下制动踏板，钥匙指示灯闪烁；单独按下启动按钮，无任何反应。

（2）通过分析得出故障可能原因

现象①：踩下制动踏板，同时按下启动按钮，钥匙指示灯闪烁，车辆无其他反应；说明左域已收到输入信号，也通过天线激活了钥匙，但并不满足相关上电条件。

现象②：单独踩下制动踏板，钥匙指示灯闪烁；单独按下启动按钮，无任何反应；说明制动踏板信号可被左域正常接收，启动按钮信号的接收可能存在问题。

综上，故障可能原因：

1）启动按钮本身故障。

2）启动按钮相关线路故障。

3）左域局部故障。

（3）维修资料查阅

查阅电路图，启动按钮相关电路如图 3-21 所示。

（4）过程数据记录

1）未按启动按钮，分别测量 G16/3、G16/17 对地电压，均约为 8V，正常。

2）按下启动按钮，分别测量 G16/3、G16/17 对地电压，依然均约为 8V，不正常。

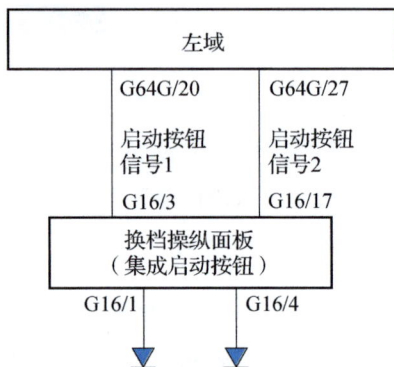

图 3-21　启动按钮相关电路图

3）断开蓄电池负极，拔下 G16 插头，测量 G16/1、G16/4 对地电阻，均约为 0Ω，正常。

4）按下启动按钮，分别测量换档操纵面板上 G16/3—G16/1（或 G16/4）、G16/17—G16/1（或 G16/4）电阻值，均为无穷大，不正常，说明启动按钮内部故障。

（5）故障点和故障类型

启动按钮内部故障。

（6）故障机理分析

由于启动按钮内部故障，导致按下启动按钮后，信号无法被左域正确接收，从而造成上述故障现象。

4. 智能进入 CAN 故障

（1）故障现象描述

踩下制动踏板，同时按下启动按钮，钥匙指示灯闪烁，仪表显示"未检测到钥匙"。

（2）通过分析得出故障可能原因

现象：踩下制动踏板，同时按下启动按钮，钥匙指示灯闪烁，仪表显示"未检测到钥匙"；说明左域已通过天线激活了钥匙，但钥匙信息传输回左域的过程存在异常。

综上，故障可能原因：

1）高频接收模块及线路故障。

2）智能进入CAN故障。

3）左域局部故障。

4）钥匙本身故障。

（3）维修资料查阅

查阅电路图，智能进入CAN相关电路如图3-22所示。

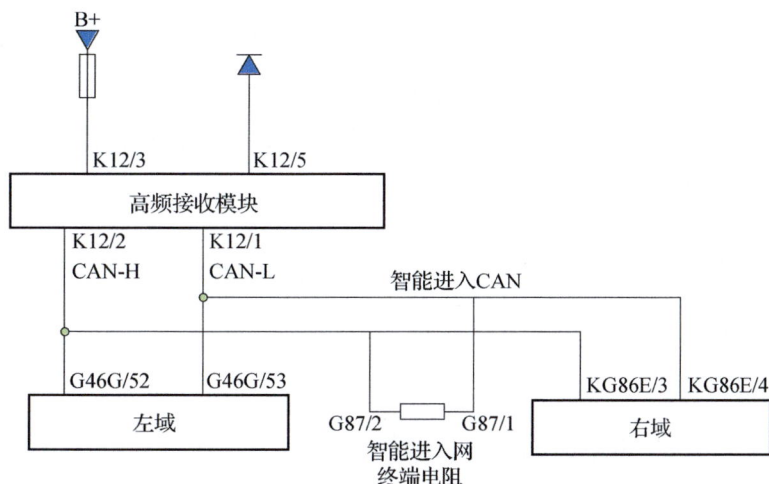

图3-22　智能进入CAN相关电路图

（4）过程数据记录

1）测量K12/3—K12/5电压，约为12V，正常。

2）测量K12/2、K12/1对地波形，都约为2.5V，不正常。

3）断开蓄电池负极，拔下K12插头，测量K12/2—K12/5电阻，电阻值约为0Ω，不正常；逐个拔下智能进入CAN上连接的各模块，当拔下位于诊断口旁边的智能进入网终端电阻时，K12/2—K12/5电阻值变为无穷大。

4）测量智能进入网终端电阻G87/2—G87/1，电阻值约为0Ω，不正常，说明智能进入网终端电阻内部短路。

（5）故障点和故障类型

智能进入网终端电阻内部短路。

（6）故障机理分析

由于智能进入网终端电阻内部短路，导致整个智能进入CAN短路，使得钥匙信号无法通过高频接收模块传输给左域，从而出现上述故障现象。

5. 左域总供电故障

（1）故障现象描述

1）踩下制动踏板，同时按下启动按钮，车辆无任何反应，钥匙指示灯也不闪。

2）按下应急警告灯开关，警告灯不闪，仪表也无任何显示；按下遥控，车辆也无法解锁/落锁。

（2）通过分析得出故障可能原因

现象①：踩下制动踏板，同时按下启动按钮，车辆无任何反应，钥匙指示灯也不闪；可能制动灯开关、启动按钮或左域存在问题。

现象②：按下应急警告灯开关，警告灯不闪，仪表也无任何显示；按下遥控，车辆也无法解锁/落锁；可能左域存在异常。

综上，故障可能原因：

1）左域供电故障。

2）左域本身故障。

（3）维修资料查阅

查阅电路图，左域供电电路如图 3-23 所示。

（4）过程数据记录

1）测量 BG64A/4 端子对地电压，约为 0V，不正常。

2）测量 BF3 熔丝下游对地电压，约为 0V，不正常；测量 BF3 熔丝上游对地电压，约为 12V，正常，BF3 熔丝实物如图 3-24 所示。

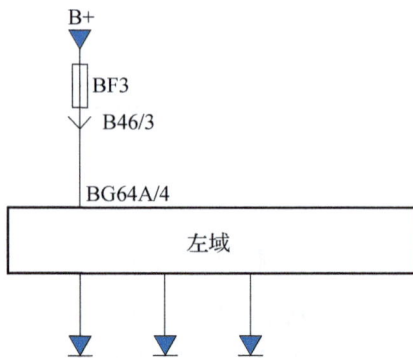

图 3-23　左域供电电路图

3）断开蓄电池负极，拆下 BF3 熔丝，测量 BF3 熔丝两端电阻，电阻值无穷大，不正常，说明 BF3 熔丝损坏；测量 B46/3 对地电阻，电阻值无穷大，正常。

（5）故障点和故障类型

BF3 熔丝损坏。

（6）故障机理分析

由于左域供电熔丝 BF3 故障，导致左域不工作，从而出现上述故障现象。

图 3-24　BF3 熔丝实物图

四、小结

比亚迪元 PLUS 低压上电部分，以左域为核心，涉及制动灯开关、启动按钮、高频接收模块、智能进入 CAN、天线、钥匙等，控制过程逻辑性较强，需要重点观察仪表上的显示信息和钥匙指示灯闪烁情况，以便快速缩小故障范围。该车低压上电有多种方式，可以通过中间显示屏进行设置，测试不同的上电方式，也可以作为故障诊断的一种辅助判断。

第三节 比亚迪元 PLUS 高压不上电故障诊断

一、控制原理分析

比亚迪元 PLUS 高压上电过程原理如图 3-25 所示。

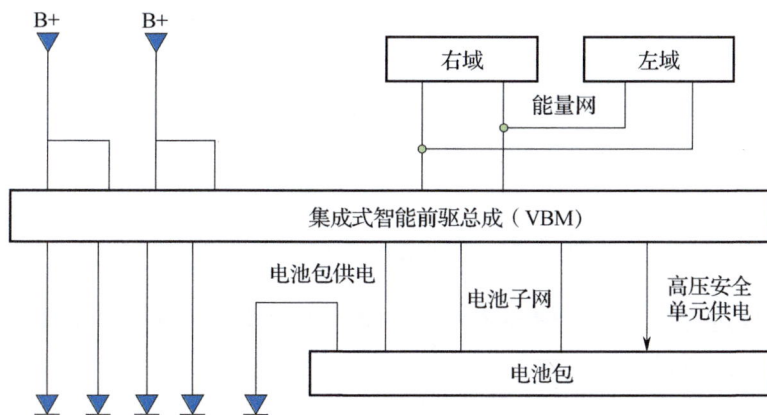

图 3-25　比亚迪元 PLUS 高压上电过程原理图

比亚迪元 PLUS 高压部件高度集成，在集成式智能前驱总成（VBM）内，集成有整车控制器（VCU）、动力电池管理系统（BMS）、电机控制器（PEU）、驱动电机、减速器、车载充电机（OBC）、DC/DC 变换器、高压配电盒（PDU），也称为高压八合一总成。因此整个高压控制系统外部电路比较简单，当低压上电后，VBM 内的 VCU 等模块收到工作电源接通信号，同时左域也通过能量网将高压上电请求信号发送给 VBM 内的 VCU，VCU 收到该信号后指令 VBM 内的 BMS 上高压，BMS 先进行预充，VBM 内的 PEU 反馈预充完成信号给 BMS 后，BMS 完成上高压，并反馈给 VCU。这个过程大部分在 VBM 内部完成。

二、诊断分析思路

根据高压电源接通控制流程，该车高压部件集成度较高，要使车辆能够正常上高压，需要 VBM 供电及通信正常，VBM 内部各系统正常，动力电池包及相关线路正常。

三、故障点分析

1. VBM 供电故障

（1）故障现象描述

1）踩下制动踏板，同时按下启动按钮，仪表能够点亮，但仪表上"OK"灯不亮，同时显示"动力系统故障"，如图 3-26 所示。

图 3-26　仪表显示"动力系统故障"

2）用诊断仪进行检测，存储多个高压系统相关模块失去通信的故障码，选取部分故障码截图如图 3-27 所示。

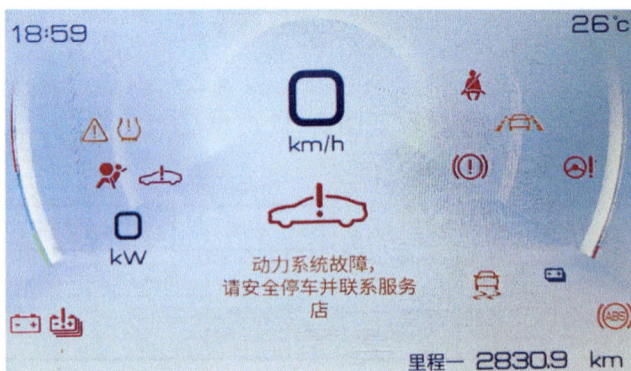

车身网 - 左车身域控制单元（A_L2）- 比亚迪（3 故障码）		
故障码编号	描述	状态
U029600	与动力电池管理模块失去通信	当前故障
U011087	与电池管理控制器（BMC）失去通信	当前故障
U029887	与 DC/DC 失去通信	当前故障
底盘网 - 后车身域控制单元（A_B1）- 比亚迪（2 故障码）		
故障码编号	描述	状态
U011087	与电机控制单元（MCU）失去通信	当前故障
U041681	从电子稳定系统收到无效数据	当前故障
底盘网 - 电子液压制动 - 博世（3 故障码）		
故障码编号	描述	状态
U059504	整车控制器（VCU）通信超时	当前故障
U059505	整车控制器（VCU）字节长度/循环冗余校验（CRC）/计数器/信号值错误	间歇故障
U059506	整车控制器（VCU）字节长度/循环冗余校验（CRC）/计数器/信号值错误	间歇故障

图 3-27　高压系统部分故障码截图

（2）通过分析得出故障可能原因

现象①：踩下制动踏板，同时按下启动按钮，仪表能够点亮，但仪表上"OK"灯不亮，同时显示"动力系统故障"；说明低压可以上电，但高压上电异常。

现象②：用诊断仪进行检测，存储多个高压系统相关模块失去通信的故障码；这些模块基本集中在 VBM 内部。

综上，故障可能原因：

1）VBM 供电故障。

2）VBM 能量 CAN 故障。

3）VBM 内部故障。

（3）维修资料查阅

查阅电路图，VBM 相关电路如图 3-28 所示。

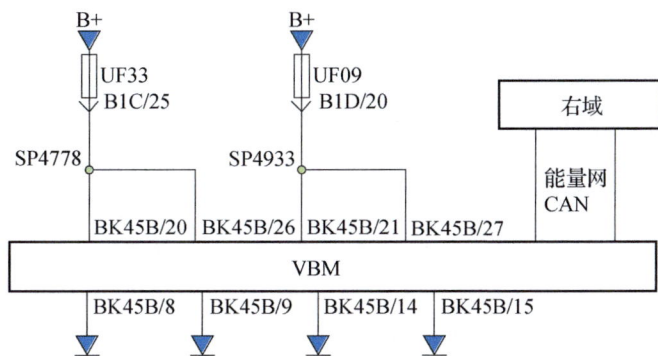

图 3-28　VBM 相关电路图

（4）过程数据记录

1）分别测量 BK45B/20、BK45B/21、BK45B/26、BK45B/27 对地电压，均约为 0V，不正常。

2）分别测量 UF33、UF09 熔丝上游对地电压，均约为 12V，正常；分别测量 UF33、UF09 熔丝下游对地电压，均约为 0V，不正常。

3）拔下 UF33、UF09 熔丝，分别测量 UF33、UF09 熔丝电阻值，均为无穷大，不正常，说明 UF33、UF09 熔丝损坏。断开蓄电池负极，分别测量 B1C/25、B1D/20 对地电阻值，均为无穷大，正常。

BK45B/20、BK45B/21、BK45B/26、BK45B/27 针脚位置如图 3-29 所示。

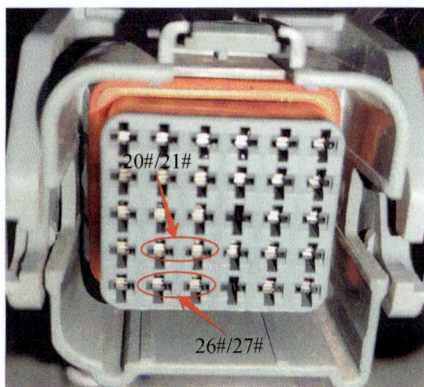

图 3-29　BK45B/20、BK45B/21、BK45B/26、BK45B/27 针脚位置图

（5）故障点和故障类型

UF33、UF09 熔丝损坏。

（6）故障机理分析

由于 VBM 供电熔丝 UF33、UF09 熔丝损坏，导致 VBM 内部相关高压模块不工作，使得高压不上电，仪表显示动力系统故障。

2. 电池子网故障

（1）故障现象描述

1）踩下制动踏板，同时按下启动按钮，仪表能够点亮，但仪表上"OK"灯不亮，同时显示"动力系统故障"。

2）用诊断仪进行检测，存储多个与电池管理系统失去通信故障码，如图 3-30 所示。

底盘网-前驱动电机控制单元 - 比亚迪（1 故障码）

故障码编号	描述	状态
U011100	与电池管理系统（BMS）失去通信	当前故障

车身网 - 左车身域控制单元（A_L2）- 比亚迪（1 故障码）

故障码编号	描述	状态
U029600	与动力电池管理模块失去通信	当前故障

底盘网-电子液压制动 - 博世（1 故障码）

故障码编号	描述	状态
C1901FC	ECU 电压低 - 其他周期	历史故障

底盘网-动力域控制单元（TI）（比亚迪）（1 故障码）

故障码编号	描述	状态
U011187	与电池管理系统（BMS）失去通信	当前故障

底盘网-多功能视频控制单元 - 维宁尔（1 故障码）

故障码编号	描述	状态
U011187	与电池管理系统（BMS）失去通信	当前故障

图 3-30 多个与电池管理系统失去通信故障码

（2）通过分析得出故障可能原因

现象①：踩下制动踏板，同时按下启动按钮，仪表能够点亮，但仪表上"OK"灯不亮，同时显示"动力系统故障"；说明低压可以上电，但高压上电异常。

现象②：用诊断仪进行检测，存储多个与电池管理系统失去通信故障码；按照故障码的内容，都指向电池管理系统。

综上，故障可能原因：

1）VBM 与电池包之间通信故障。

2）电池包供电故障。

3）VBM 局部故障。

4）电池包局部故障。

（3）维修资料查阅

查阅电路图，电池包相关电路如图 3-31 所示。

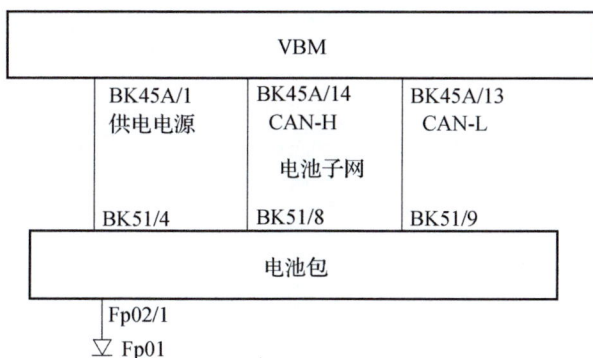

图 3-31 电池包相关电路图

（4）过程数据记录

1）踩下制动踏板，同时按下启动按钮，测量 BK45A/14 对地电压，约为 0V，不正常；测量 BK45A/13 对地电压，约为 2.5V，正常。

2）关闭电源，断开蓄电池负极，拔下 BK45A 插头，测量 BK45A/14—BK45A/13 电阻，电阻值无穷大，不正常。

3）进一步拔下 BK51 插头，测量 BK45A/14—BK51/8 电阻，电阻值无穷大，不正常，说明该段线路存在断路故障。

BK45A/14 针脚位置如图 3-32 所示。

（5）故障点和故障类型

BK45A/14—BK51/8 线路断路。

（6）故障机理分析

由于电池子网 CAN-H 断路，导致 VBM 与电池无法通信，从而使得高压不上电，并存储多个与电池管理系统失去通信的故障码。

3.电池执行与采样单元供电故障

（1）故障现象描述

1）踩下制动踏板，同时按下启动按钮，仪表能够点亮，但仪表上"OK"灯不亮，也

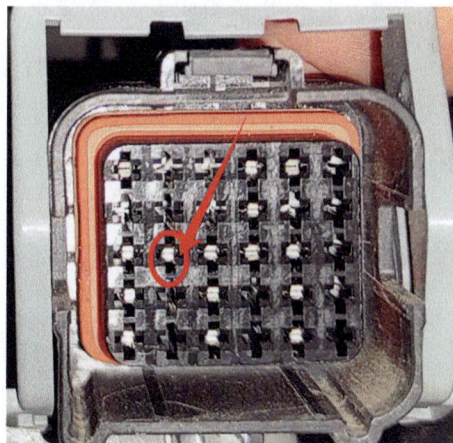

图 3-32 BK45A/14 针脚位置图

无其他故障信息提示，如图 3-33 所示，过程中能听到动力电池内部接触器吸合又断开的声音。

图 3-33　仪表"OK"灯不亮

2）用诊断仪进行检测，电池执行与采样单元存储"P2B8E00 高边驱动欠电压"故障码，如图 3-34 所示。

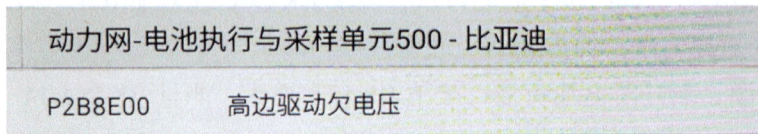

图 3-34　电池执行与采样单元存储"P2B8E00 高边驱动欠电压"故障码

（2）通过分析得出故障可能原因

现象①：踩下制动踏板，同时按下启动按钮，仪表能够点亮，但仪表上"OK"灯不亮，也无其他故障信息提示，过程中能听到动力电池内部接触器吸合又断开的声音；说明满足了上高压电的条件，但在上高压的过程中存在异常。

现象②：用诊断仪进行检测，电池执行与采样单元存储"P2B8E00 高边驱动欠电压"故障码；该故障码指向电池包内部电池执行与采样单元。

综上，故障可能原因：

1）电池包内部电池执行与采样单元故障。

2）VBM 与电池包相关连接线路故障。

3）VBM 局部故障。

（3）维修资料查阅

查阅电路图，电池包内电池执行与采样单元相关电路如图 3-35 所示。

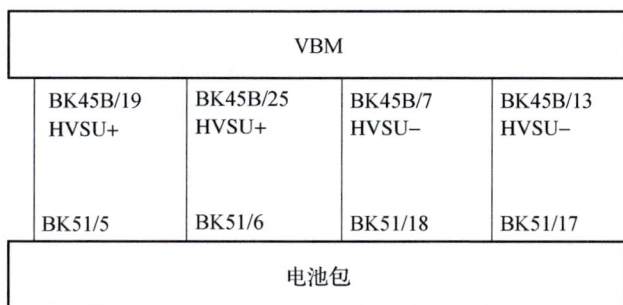

图 3-35　电池包内电池执行与采样单元相关电路图

（4）过程数据记录

1）踩下制动踏板，同时按下启动按钮，分别测量 BK45B/19、BK45B/25 对地电压，均约为 0V，不正常。

2）关闭电源，断开蓄电池负极，分别拔下 BK45B 和 BK51 插头，分别测量 BK45B/19—BK51/5、BK45B/25—BK51/6 电阻，电阻值均为无穷大，不正常。说明线路存在断路故障。

（5）故障点和故障类型

BK45B/19—BK51/5、BK45B/25—BK51/6 线路断路。

（6）故障机理分析

电池执行与采样单元又称高压安全控制单元，负责电池采样、接触器控制等。由于电池包内电池执行与采样单元供电线路故障，导致高压上电过程异常，使得高压不上电。

4. DC/DC 变换器供电故障

（1）故障现象描述

1）踩下制动踏板，同时按下启动按钮，车辆可以上高压，但仪表上"OK"灯不亮，也无其他故障信息提示。

2）用诊断仪进行检测，DC/DC 总成存储"P1EC300 降压时低压侧欠电压"故障码，如图 3-36 所示。

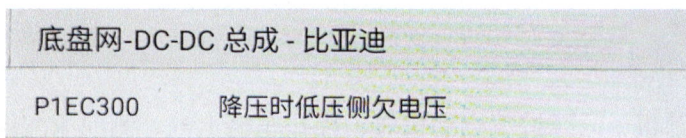

图 3-36　DC/DC 总成存储"P1EC300 降压时低压侧欠电压"故障码

读取 DC/DC 总成内数据流，明显异常，工作状态显示"不允许"，DC 工作模式显示"关断状态"，低压输出电压显示只有 3V，输入侧电压显示只有 13V，如图 3-37 所示。

已选择4项	名称 ●	值	参考值	单位
☑ 工作状态 ●		不允许		
☑ DC 工作模式 ●		关断状态		
☑ 低压输出电压 ●		3	0…20	伏
☑ 输入侧电压 ●		13	0…1000	伏

图 3-37　DC/DC 总成异常数据流

（2）通过分析得出故障可能原因

现象①：踩下制动踏板，同时按下启动按钮，车辆可以上高压，但仪表上"OK"灯不亮，也无其他故障信息提示；说明上高压后相关信息存在异常。

现象②：用诊断仪进行检测，DC/DC 总成存储"P1EC300 降压时低压侧欠电压"故障码；说明 DC/DC 变换器供电可能存在异常。

综上，故障可能原因：

1）VBM 内 DC/DC 变换器本身故障。

2）DC/DC 变换器供电线路故障。

（3）维修资料查阅

查阅电路图，DC/DC 总成相关电路如图 3-38 所示。

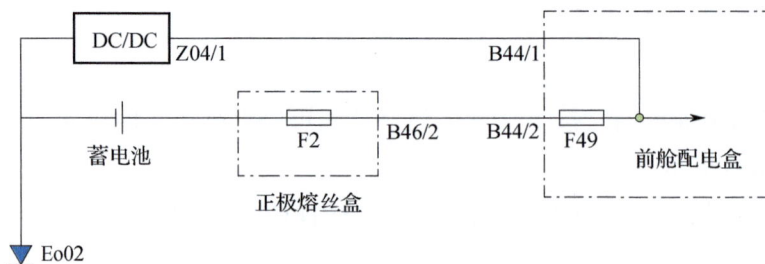

图 3-38　DC/DC 总成相关电路图

（4）过程数据记录

1）踩下制动踏板，同时按下启动按钮，操作车辆上电，测前舱配电盒侧 B44 端子对地电压，约为 12V，不正常；测 DC/DC 变换器侧 Z04/1 对地电压，约为 3V，不正常。

2）关闭电源，断开蓄电池负极，拆下 DC/DC 变换器到前舱配电盒之间的正极连接线，仔细检查发现 DC/DC 变换器侧 Z04/1 端子氧化接触不良。

（5）故障点和故障类型

DC/DC 变换器侧 Z04/1 端子接触不良。

（6）故障机理分析

DC/DC 总成主要用于在高压上电后，将动力电池的高压直流电转变为低压直流电，给车辆低压蓄电池供电，起到类似燃油汽车发电机的作用。由于 DC/DC 总成给低压蓄电池充电的正极线路端子接触不良，导致高压上电后低压充电异常，DC/DC 总成正常工作时的数据流如图 3-39 所示，工作状态显示"允许"，DC 工作模式显示"降压状态"，低压输出电压显示 13.8V，输入侧电压显示 418V。

已选择4项	名称 ●	值	参考值	单位
☑ 工作状态 ●		允许		
☑ DC 工作模式 ●		降压状态		
☑ 低压输出电压 ●		13.8	0...20	伏
☑ 输入侧电压 ●		418	0...1000	伏

图 3-39 DC/DC 总成正常数据流

四、小结

比亚迪元 PLUS 高压上电部分，以集成式智能前驱总成（VBM）为核心，涉及电池包、能量网、电池子网，以及 VBM 内部 VCU、BMS、PEU 等。该车高压模块大多集成在 VBM 内部，包括高压互锁线路也在 VBM 内部。外围线路及模块较少，外部诊断相对比较简单，如果诊断后确认是 VBM 内部故障，则需要整体更换或内部拆检维修。涉及到内部拆检维修时，由于 VBM 上盖是密封的，检修作业完成后，装复上盖时需要确保密封完好。

第四节 比亚迪元 PLUS 交流充电系统故障诊断

一、控制原理分析

比亚迪元 PLUS 交流充电系统相关结构原理如图 3-40 所示。

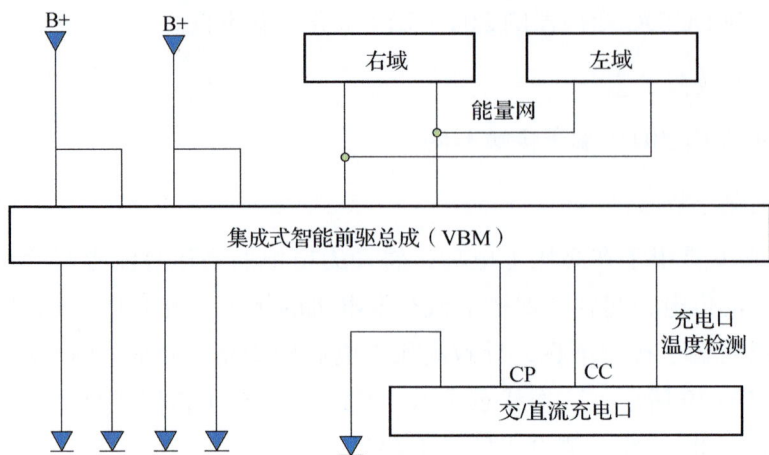

图 3-40　比亚迪元 PLUS 交流充电系统相关结构原理图

插入充电枪后，CC 信号发送给集成式智能前驱总成（VBM）内部的车载充电机（OBC），OBC 将信号发送给 VBM 内部的整车控制器（VCU），VCU 通过 CAN 将信息发送给仪表，仪表显示充电指示灯。充电枪端通过 CP 端子电压由 12V 变为 9V，检测到充电枪插入车辆充电口，将 CP 端从 9V 的直流电切换为 9V 的 PWM 信号。OBC 将该信号发送给 VCU，VCU 确认可充电后，发送给 BMS 充电许可，BMS 在确认满足充电条件后，完成高压上电，并反馈给 VCU。VCU 反馈给 OBC，OBC 控制 CP 端子电压进一步下降，充电枪检测到这个变化，则控制充电枪内高压触点闭合，交流电通过 VBM 转变成直流电，给车辆动力电池充电。

二、诊断分析思路

根据交流充电控制流程，要正常完成交流充电，需要充电枪及电网正常，交流充电口到 VBM 相关线路正常，VBM 内 OBC、VCU、BMS 及相关线路正常。在诊断交流充电故障时，首先要确认车辆能正常上高压电，在此前提下，VCU、BMS 等很多部件就可判断是正常的，后续交流充电的故障诊断，都是基于高压上电正常来梳理。

三、故障点分析

1. CC 线路故障

（1）故障现象描述

1）插入交流充电枪后，仪表充电指示灯不亮，也无其他任何反应，车辆无法充电。

2）用诊断仪进行检测，无故障存储。

（2）通过分析得出故障可能原因

现象①：插入交流充电枪后，仪表充电指示灯不亮，也无其他任何反应，车辆无法充电；说明充电枪、CC 线路或 VBM 内 OBC 存在异常。

现象②：用诊断仪进行检测，无故障存储；说明 VBM 内 OBC 整体正常。

综上，故障可能原因：

1）充电枪故障。

2）充电口到 VBM 的 CC 相关线路故障。

3）VBM 局部故障。

（3）维修资料查阅

查阅电路图，CC 相关部分电路如图 3-41 所示。

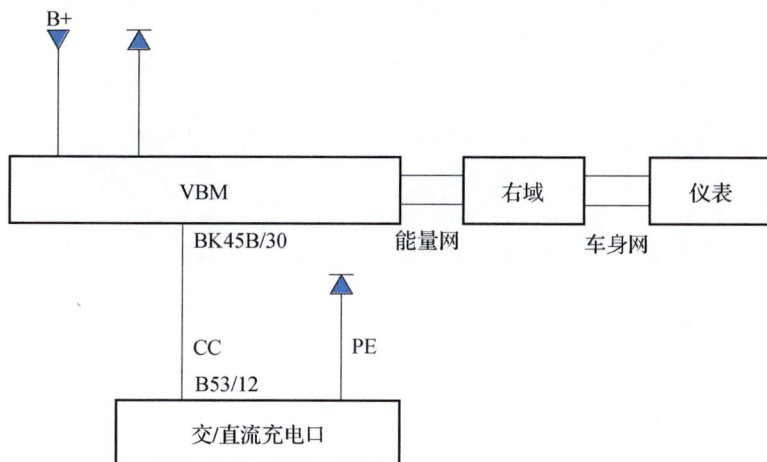

图 3-41　CC 相关部分电路图

（4）过程数据记录

1）在充电口测量 CC 与 PE 之间电压，约为 0V，不正常；测量 CC 对地电压，约为 0V，不正常。

2）测量 BK45B/30 对地电压，约为 5V，正常。

3）断开蓄电池负极，分别拔下 BK45B 和 B53 插头，测量 BK45B/30—B53/12 电阻，电阻值无穷大，不正常，说明该段线路存在断路故障。

CC 端子实物如图 3-42 所示。

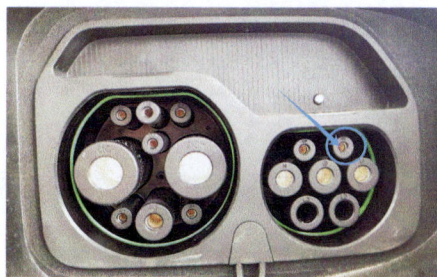

图 3-42　CC 端子实物图

（5）故障点和故障类型

BK45B/30—B53/12 线路断路。

（6）故障机理分析

由于 CC 线路断路，VBM 内的 OBC 无法检测到充电枪插入状态，从而导致仪表充电指示灯不亮，车辆无法充电。

2. CP 线路故障

（1）故障现象描述

1）充电枪一端连接电网，另一端插入交流充电口，仪表充电指示灯正常点亮，但无其他反应，车辆无法充电，如图 3-43 所示。

图 3-43　仪表充电指示灯正常点亮

2）用诊断仪进行检测，无故障存储。

（2）通过分析得出故障可能原因

现象①：充电枪一端连接电网，另一端插入交流充电口，仪表充电指示灯正常点亮，但无其他反应，车辆无法充电；说明 CC 正常。

现象②：用诊断仪进行检测，无故障存储；说明 VBM 无整体故障。

综上，故障可能原因：

1）充电枪故障。

2）充电口到 VBM 的 CP 相关线路故障。

3）VBM 局部故障。

（3）维修资料查阅

查阅电路图，CP 相关部分电路如图 3-44 所示。

（4）过程数据记录

1）在充电口测量 CP 与 PE 之间电压，约为 0V，正常。

2）将充电枪插入电网，测量枪端 CP 与 PE 之间电压，约为 12V，正常。CP 与 PE 端子实物如图 3-45 所示。

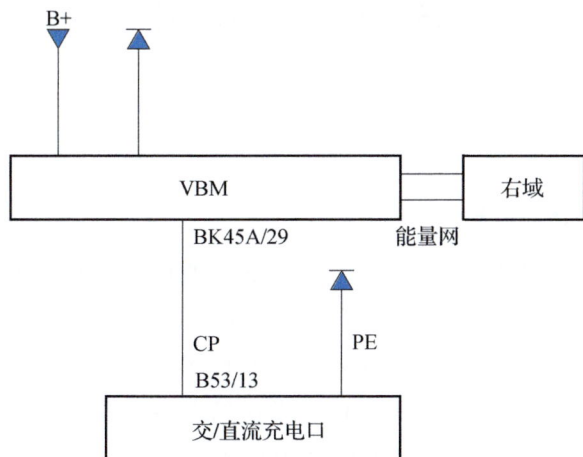

图 3-44　CP 相关部分电路图

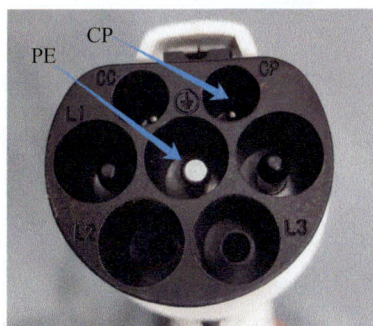

图 3-45　CP 与 PE 端子实物图

3）将充电枪插入交流充电口，测量 B53/13 对地电压，约为 12V，不正常；测量 BK45A/29 对地电压，约为 0V，不正常。

4）拔下充电枪，断开蓄电池负极，分别拔下 BK45A 和 B53 插头，测量 BK45A/29— B53/13 电阻，电阻值无穷大，不正常，说明该段线路存在断路故障。

（5）故障点和故障类型

BK45A/29—B53/13 线路断路。

（6）故障机理分析

由于 CP 线路断路，充电枪端无法检测 CP 电压变化，车辆 VBM 内 OBC 也无法收到 CP 传来的信号，导致车辆无法充电。

四、小结

比亚迪元 PLUS 交流充电部分，以集成式智能前驱总成（VBM）内 OBC 为核心，涉及充电口、交流充电枪等。诊断过程中，重点观察仪表充电指示灯情况，同时通过测量车辆端 CC 电压及枪端 CP 电压来快速缩小故障范围。如插枪后仪表充电指示灯不亮，需要先考虑 CC 部分的问题，如仪表充电指示灯点亮，但无法充电，再考虑 CP 及其他部分。

比亚迪元 PLUS 舒适系统故障诊断

一、控制原理分析

1. 比亚迪元 PLUS 车窗系统相关结构原理

如图 3-46 所示，左前窗控开关上集成有四个车窗开关，接通电源后，按下左前窗控开关上对应的左前车窗开关，信号发送给左域，左域直接控制左前玻璃升降器电机工作；按下左前窗控开关上对应的左后车窗开关，信号发送给左域，左域直接控制左后玻璃升降器电机工作；按下左前窗控开关上对应的右前车窗开关，信号发送给左域，左域将该信号通过车身网 CAN 发送给右域，右域直接控制右前玻璃升降器电机工作；按下左前窗控开关上对应的右后车窗开关，信号发送给左域，左域将该信号通过车身网 CAN 发送给右域，右域直接控制右后玻璃升降器电机工作。

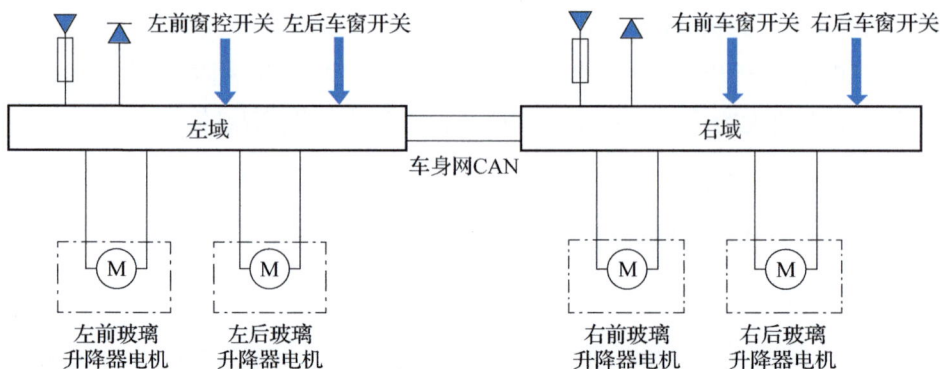

图 3-46　比亚迪元 PLUS 车窗系统相关结构原理图

2. 比亚迪元 PLUS 中控系统相关结构原理

如图 3-47 所示，四个车门锁和背门锁都由左域控制，当关闭电源并关闭所有车门和背门后，通过遥控或无钥匙等方式，信号发送给左域，左域控制四个车门工作，使其解锁或落锁。四个门锁电机内部集成有开门信号和解锁信号，打开相应车门时，对应门锁电机内部的开门信号开关闭合，左域收到该信号后，通过 CAN 将信号发送给仪表，仪表上显示相应的车门打开信息。当门锁落锁之后，对应门锁电机内部的解锁信号开关断开，左域根据该反馈信号确认门锁工作状态是否正常。背门锁电机内部集成有后背门锁全锁信号，当后背门锁打开后，信号开关闭合，仪表显示后背门打开信息。

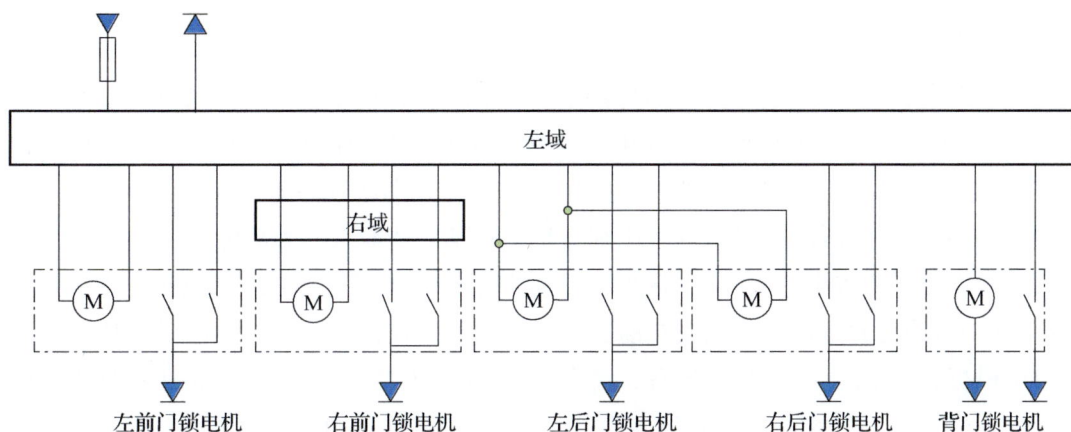

图 3-47　比亚迪元 PLUS 中控系统相关结构原理图

3. 比亚迪元 PLUS 外后视镜系统相关结构原理

如图 3-48 所示，外后视镜开关集成在左前窗控开关内，选择左侧外后视镜档位，操作左侧外后视镜上下左右调节，信号发送给左域，左域控制左侧外后视镜电机动作。选择右侧外后视镜档位，操作右侧外后视镜上下左右调节，信号发送给左域，左域通过车身CAN 将信号发送给右域，右域控制右侧外后视镜电机动作。选择后视镜折叠，信号发送给左域，左域控制左侧和右侧外后视镜电机动作，其中右外后视镜折叠控制线路需要经过右域内部再去往右外后视镜折叠电机。

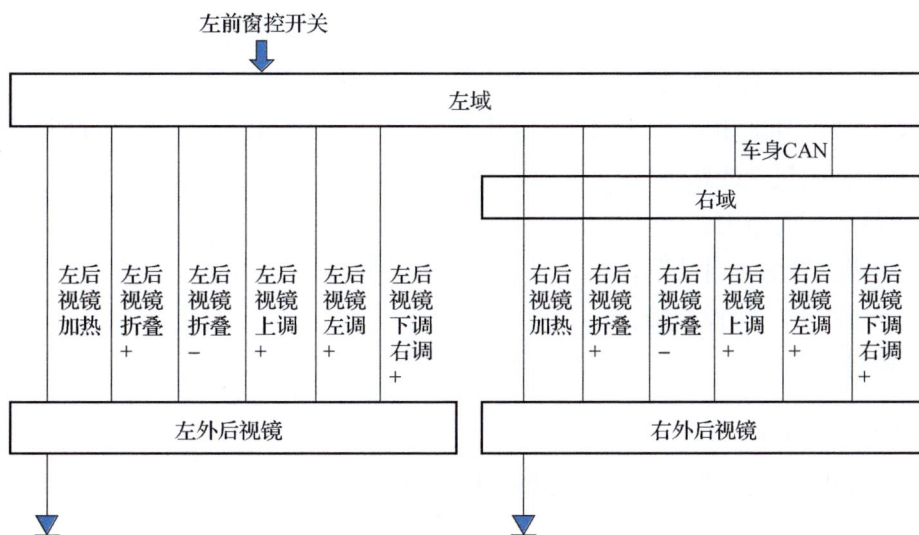

图 3-48　比亚迪元 PLUS 外后视镜系统相关结构原理图

二、诊断分析思路

1）根据车窗系统控制流程，要使车窗正常工作，需要各车窗开关及线路正常、左域正常、右域正常、各车窗玻璃升降器电机及线路正常、车身网 CAN 正常。除左前车窗玻璃升降器电机，其他各车门车窗玻璃升降器电机都可分别通过左前窗控开关及各自车门上的车窗开关来控制，因此可以通过对比判断是否是某一些输入开关故障。

2）根据中控系统控制流程，要使门锁正常工作，需要各车门门锁电机及线路正常、左域正常。门锁可通过遥控方式或左前窗控开关内的中控锁开关等方式进行控制。

3）根据外后视镜系统控制流程，要使外后视镜正常工作，需要左前窗控开关内外后视镜开关正常、左域正常、右域正常、左和右外后视镜电机及线路正常、车身 CAN 正常。

三、故障点分析

1. 左前窗控开关接地线路故障

（1）故障现象描述

1）接通电源，按下左前窗控开关上各车窗开关，所有车窗都无法工作。

2）按下其他相应车门上的车窗开关，对应车窗都能正常工作。

（2）通过分析得出故障可能原因

现象①：接通电源，按下左前窗控开关上各车窗开关，所有车窗都无法工作；说明左前窗控开关接地或开关内部可能存在故障。

现象②：按下其他相应车门上的车窗开关，对应车窗都能正常工作；说明其他车窗开关、玻璃升降器电机及线路正常。

综上，故障可能原因：

1）左前窗控开关本身故障。

2）左前窗控开关接地故障。

3）左域局部故障。

（3）维修资料查阅

查阅电路图，左前窗控开关相关电路如图 3-49 所示。

（4）过程数据记录

1）接通电源，分别测量 T05/1、T05/2、T05/3、T05/4 与 T05/14 电压，均约为 0V，不正常。

左域				
TG64H/2	TG64H/3	TG64H/4	TG64H/5	TG64H/15
左前窗开关信号	右前窗开关信号	左后窗开关信号	右后窗开关信号	左前门地
T05/1	T05/2	T05/3	T05/4	T05/14
左前窗控开关				

图 3-49　左前窗控开关相关电路图

2）分别测量 T05/1、T05/2、T05/3、T05/4 与 TG64H/15 电压，均约为 5V，正常。

3）关闭电源，断开蓄电池负极，分别拔下 TG64H 和 T05 插头，测量 TG64F/15—T05/14 电阻，电阻值无穷大，不正常，说明该段线路存在断路故障。

（5）故障点和故障类型

TG64F/15—T05/14 线路断路。

（6）故障机理分析

由于左前窗控开关接地线路断路，导致左前窗控开关信号无法正确发送给左域，使得各车窗升降器不工作。

2. 右前车窗开关故障

（1）故障现象描述

1）接通电源，按下左前窗控开关上各车窗开关，所有车窗都能正常工作。

2）按下其他各车门上的车窗开关，左后和右后车窗玻璃升降器正常工作，右前车窗玻璃升降器其他档正常，但操作自动升时却依然是手动升模式，一松开车窗开关，玻璃升降器就停止工作。

（2）通过分析得出故障可能原因

现象①：接通电源，按下左前窗控开关上各车窗开关，所有车窗都能正常工作；说明左前窗控开关及线路正常，各车窗玻璃升降器电机及线路正常，左域和右域通信正常。

现象②：按下其他各车门上的车窗开关，左后和右后车窗玻璃升降器正常工作，右前车窗玻璃升降器其他档正常，但操作自动升时却依然是手动升模式，一松开车窗开关，玻璃升降器就停止工作；结合现象①，说明右前车窗开关及线路存在异常。

综上，故障可能原因：

1）右前车窗开关本身故障。

2）右前车窗开关线路故障。

3）右域局部故障。

（3）维修资料查阅

查阅电路图，右前车窗开关相关电路如图 3-50 所示。

图 3-50　右前车窗开关相关电路图

（4）过程数据记录

1）接通电源，测量 U05/1—U05/3 电压，约为 5V，正常。

2）操作右前车窗开关各档位，同时测量 U05/1—U05/3 电压，手动降约为 4V，正常；自动降约为 3V，正常；手动升约为 2V，正常；自动升约为 2V，不正常。

3）关闭电源，拔下 U05 插头，操作右前车窗开关各档位，测量右前车窗开关上 U05/1—U05/3 电阻，手动降约为 4000Ω，正常；自动降约为 1500Ω，正常；手动升约为 600Ω，正常；自动升约为 600Ω，不正常。说明右前车窗开关内部故障。

（5）故障点和故障类型

右前车窗开关内部故障。

（6）故障机理分析

右前车窗开关一根信号线，通过开关内不同电阻接地，在右域输入侧形成不同的电压，可以传输五种不同的状态给右域，分别是未操作、手动降、自动降、手动升、自动升。

车窗开关内部结构如图 3-51 所示，四个档位从左到右分别是手动降、自动降、手动升、自动升。四个电阻从左到右电阻值分别约为 4000Ω、2400Ω、600Ω、300Ω，操作手动降时，第一个电阻所在触点闭合，开关线路经过 4000Ω 电阻接地，在右域输入侧形成约 4V 电压；操作自动降时，第一个电阻和第二个电阻所在触点都闭合，开关线路经过 4000Ω 和 2400Ω 并联电阻接地，两个电阻并联后总电阻约为 1500Ω，在右域输入侧形成约 3V 电压；操作手动升时，第三个电阻所在触点闭合，开关线路经过 600Ω 电阻接地，在右域输入侧形成约 2V 电压；操作自动升时，第三个电阻和第四个电阻所在触点闭合，

开关线路经过 600Ω 和 300Ω 并联电阻接地，两个电阻并联后总电阻约为 200Ω，在右域输入侧形成约 1V 电压。本故障经拆检故障车窗开关内部，确认传输自动升信号的第四个电阻所在触点氧化，接触不良，这使得在操作自动升时，只有第三个电阻所在触点闭合，右域收到的依然是手动升的信号，导致操作自动升时依然是手动升模式。

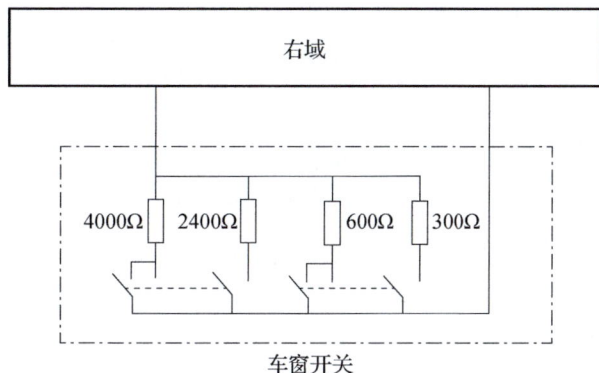

图 3-51　比亚迪元 PLUS 车窗开关内部结构图

3. 左后玻璃升降器电机线路故障

（1）故障现象描述

1）接通电源，按下左前窗控开关上各车窗开关，左后车窗不工作，其他车窗正常。

2）按下其他车门上的车窗开关，左后车窗不工作，其他车窗正常。

（2）通过分析得出故障可能原因

现象①：接通电源，按下左前窗控开关上各车窗开关，左后车窗不工作，其他车窗正常；可能左前窗控开关及线路、左后车窗电机及线路、左域等故障。

现象②：按下其他各车门上的车窗开关，左后车窗不工作，其他车窗正常；可能左后车窗开关及线路、左后车窗电机及线路、左域等故障。

综上，故障可能原因：

1）左后车窗电机故障。

2）左后车窗电机线路故障。

3）左域局部故障。

（3）维修资料查阅

查阅电路图，左后车窗电机相关电路如图 3-52 所示。

（4）过程数据记录

1）接通电源，操作左后车窗开关，同时测量 V01/2—V01/1 电压，约为 0V，不正常；

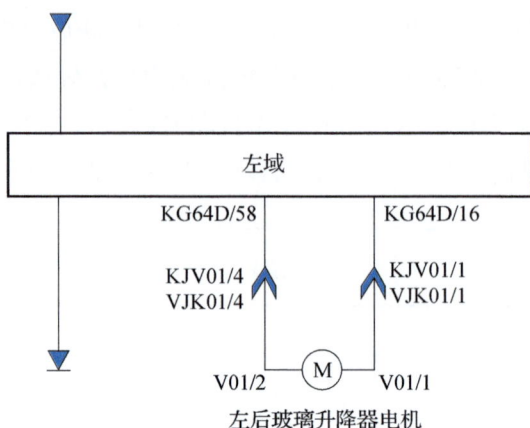

图 3-52　左后车窗电机相关电路图

测量 KG64D/58—KG64D/16 电压，约为 12V，正常。

2）关闭电源，拔下 KG64D 插头，测量 KG64D/58—KG64D/16 电阻，电阻值无穷大，不正常。

3）进一步拔下 KJV01 插头，测量 VJK01/4—VJK01/1 电阻，约为 2Ω，正常；测量 KG64D/58—KJV01/4 电阻，约为 0Ω，正常；测量 KG64D/16—KJV01/1 电阻，电阻值无穷大，不正常，说明该段线路存在断路故障。

（5）故障点和故障类型

KG64D/16—KJV01/1 线路断路。

（6）故障机理分析

由于左后玻璃升降器电机控制线断路，导致左后车窗不工作。

4. 背门锁电机线路故障

（1）故障现象描述

不论用遥控钥匙还是背门锁开关，都无法打开背门。

（2）通过分析得出故障可能原因

现象：不论用遥控钥匙还是背门锁开关，都无法打开背门；基于故障一般诊断思路，遥控钥匙和背门锁开关同时出现故障概率较小，因此主要考虑执行端的问题。

综上，故障可能原因：

1）背门锁电机本身故障。

2）背门锁电机线路故障。

3）左域局部故障。

（3）维修资料查阅

查阅电路图，背门锁相关电路如图 3-53 所示。

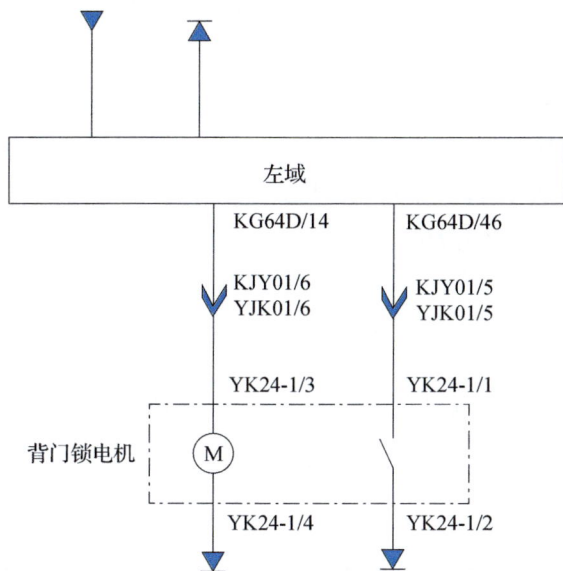

图 3-53　背门锁相关电路图

（4）过程数据记录

1）操作背门锁开关或遥控钥匙，测量 KG64D/14 对地电压，约为 12V，正常。

2）操作背门锁开关或遥控钥匙，测量 YK24-1/3 对地电压，约为 0V，不正常。

3）断开蓄电池负极，分别断开 KG64D 和 YK24-1 插头，测量 KG64D/14—YK24-1/3 电阻，电阻值无穷大，不正常；进一步断开 KJY01 插头，测量 KJY01/6—KG64D/14 电阻，约为 0Ω，正常；测量 YJK01/6—YK24-1/3 电阻，电阻值无穷大，不正常，说明该段线路存在断路故障。

（5）故障点和故障类型

YJK01/6—YK24-1/3 线路断路。

（6）故障机理分析

由于背门锁电机控制线断路，导致背门无法控制。

5. 右外后视镜电机线路相关故障

（1）故障现象描述

接通电源，操作左前窗控开关上的外后视镜开关，进行上下左右调节，左外后视镜控制正常，右外后视镜不工作。

（2）通过分析得出故障可能原因

现象：接通电源，操作左前窗控开关上的外后视镜开关，进行上下左右调节，左外后视镜控制正常，右外后视镜不工作；由于左、右侧外后视镜上下左右调节开关共用，左外后视镜能正常控制，说明上下左右调节开关正常，可能左、右外后视镜选择开关故障、右外后视镜电机及线路故障、右域故障等。

综上，故障可能原因：

1）左前窗控开关内左、右选择开关故障。

2）右外后视镜电机及线路故障。

3）右域局部故障。

（3）维修资料查阅

查阅电路图，右外后视镜电机相关电路如图 3-54 所示。

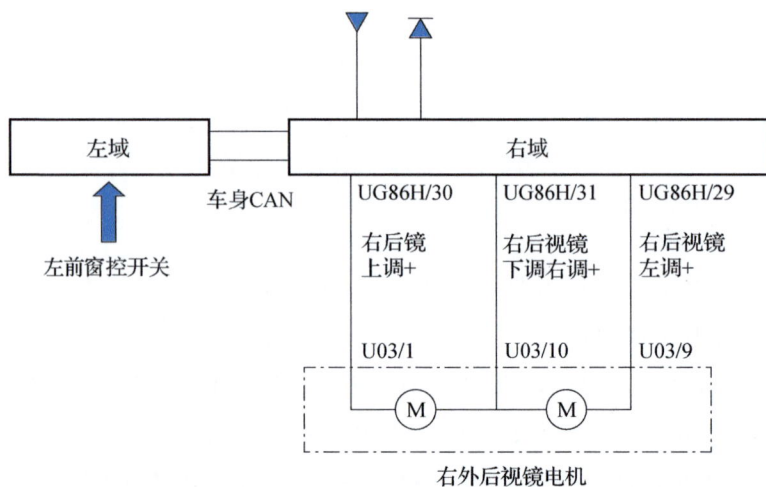

图 3-54　右外后视镜电机相关电路图

（4）过程数据记录

1）接通电源，操作右外后视镜上下调节，测量 U03/1—U03/10 电压，约为 0V，不正常；操作右外后视镜左右调节，测量 U03/9—U03/10 电压，约为 0V，不正常。

2）同样进行上述操作，测量 U03/1—U03/10 电压，约为 12V，正常；测量 U03/9—U03/10 电压，约为 12V，正常。

3）关闭电源，断开蓄电池负极，拔下 UG86H 插头，分别测量 UG86H/31—UG86H/30、UG86H/31—UG86H/29 电阻值，均为无穷大，不正常。

4）进一步断开 U03 插头，测量 UG86H/31—U03/10 电阻，电阻值无穷大，不正常，说明该段线路存在断路故障。

（5）故障点和故障类型

UG86H/31—U03/10 线路断路。

（6）故障机理分析

由于右外后视镜电机控制公共端线路断路，导致右外后视镜上下左右都无法调节。

四、小结

比亚迪元 PLUS 舒适系统部分，主要包括车窗系统、中控系统、后视镜系统等。以左域和右域为核心，涉及车窗开关、车窗升降器电机、门锁电机、背门锁电机、外后视镜电机等。车窗系统部分，左域和右域分别控制左侧和右侧车窗升降，左前总开关的信号由左域通过车身网 CAN 传给右域。门锁由左域控制，后视镜加热和折叠都由左域控制，上下左右调节由分别由左域和右域控制。

第六节　比亚迪元 PLUS 灯光系统故障诊断

一、控制原理分析

比亚迪元 PLUS 前组合灯部分相关结构原理如图 3-55 所示。

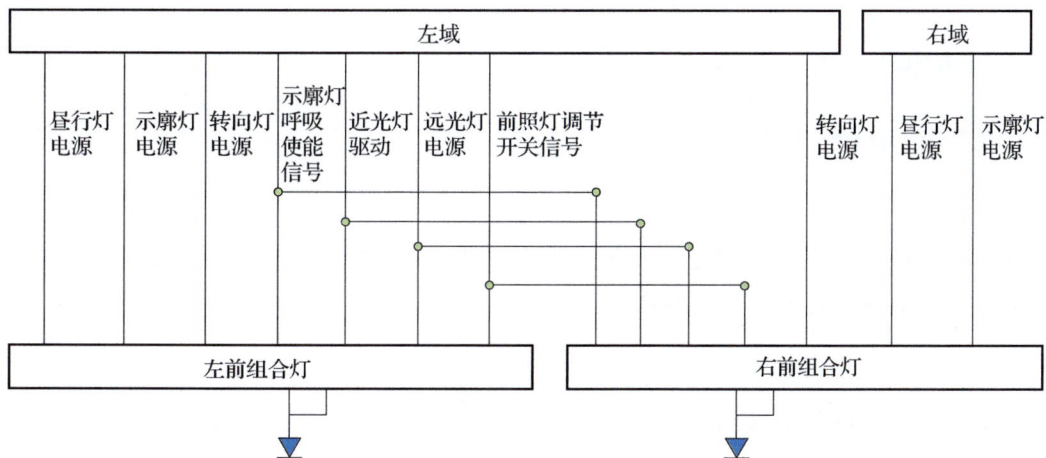

图 3-55　比亚迪元 PLUS 前组合灯部分相关结构原理图

比亚迪元 PLUS 后尾灯部分相关结构原理如图 3-56 所示。

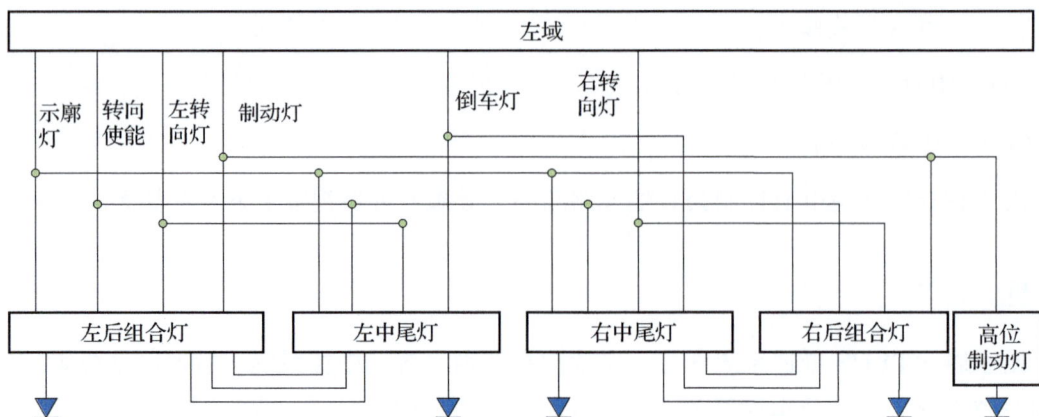

图 3-56　比亚迪元 PLUS 后尾灯部分相关结构原理图

灯光系统主要涉及前组合灯、后尾灯和车内灯，这里主要针对前组合灯和后尾灯进行阐述。前组合灯和后尾灯都由左域进行控制，开启相应的灯光开关，信号发送给左域，左域控制相应的灯光点亮。

二、诊断分析思路

根据灯光系统控制流程，要使相应的灯光正常点亮，需要相应的灯光开关及线路正常，左域正常，相应的灯光及线路正常。由于各档位的灯光往往涉及前后左右多个位置，所以可以通过观察其他位置的灯是否点亮来初步判断是灯光开关或左域故障，还是相应的灯光本身及线路故障。

三、故障点分析

1. 后部转向灯流水状态故障

（1）故障现象描述

打开转向灯开关或危险警告灯开关，不论左转向或右转向，前部转向灯正常，后部转向灯可闪烁，但没有转向灯流水状态。

（2）通过分析得出故障可能原因

现象：打开转向灯开关或危险警告灯开关，不论左转向或右转向，前部转向灯正常，后部转向灯可闪烁，但没有转向灯流水状态；说明转向灯控制正常，转向使能信号存在异常。

综上，故障可能原因：

1）转向使能信号线路故障。

2）某个后部转向灯内部故障。

3）左域局部故障。

（3）维修资料查阅

查阅电路图，转向使能相关电路如图 3-57 所示。

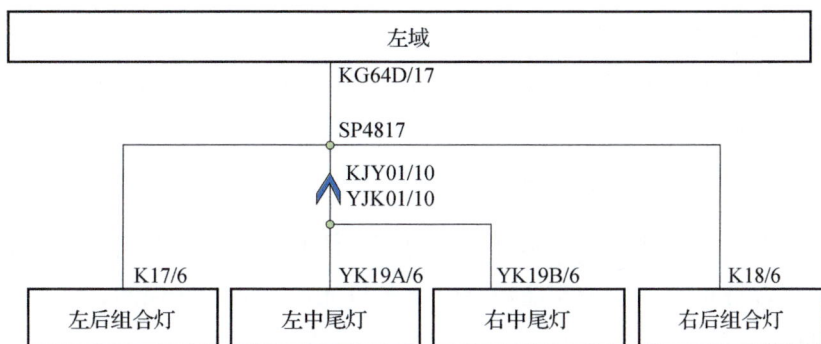

图 3-57　转向使能相关电路图

（4）过程数据记录

1）打开危险警告灯开关，测量 KG64D/17 对地电压波形，正常，如图 3-58 所示。

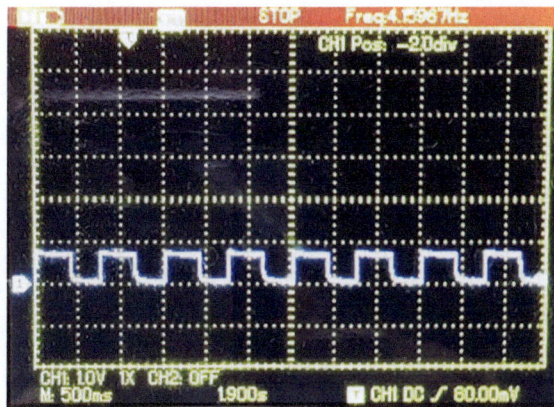

图 3-58　比亚迪元 PLUS 转向灯控制线正常波形

2）分别测量 K17/6、K18/6、YK19A/6、YK19B/6 对地电压波形，均为 0V，不正常。

3）断开蓄电池负极，分别拔下 KG64D、K17、K18 插头，测量 KG64D/17—K17/6、KG64D/17—K18/6 电阻，电阻值均为无穷大，不正常；测量 K17/6—K18/6 电阻，约为 0Ω，正常；说明 KG64D/17 到节点 SP4817 线路存在断路故障。

（5）故障点和故障类型

KG64D/17—SP4817 节点线路断路。

（6）故障机理分析

转向使能控制，可以使转向灯工作的时候产生如流水般渐闪过程。由于转向使能线路断路，导致后部各转向灯无法收到转向使能控制，使得转向灯工作时无流水状态。

2. 左前组合灯接地故障

（1）故障现象描述

接通电源，相继打开示廓灯、转向灯、前照灯开关，左前组合灯上的所有灯光均不亮，右前组合灯正常。

（2）通过分析得出故障可能原因

现象：接通电源，相继打开示廓灯、转向灯、前照灯开关，左前组合灯上的所有灯光均不亮，右前组合灯正常；由于左前组合灯上各灯光由不同线路控制，同时出现故障概率较小，可能左前组合灯接地故障或左前组合灯内部故障。

综上，故障可能原因：

1）左前组合灯接地故障。

2）左前组合灯内部故障。

（3）维修资料查阅

查阅电路图，左前组合灯相关电路如图3-59所示。

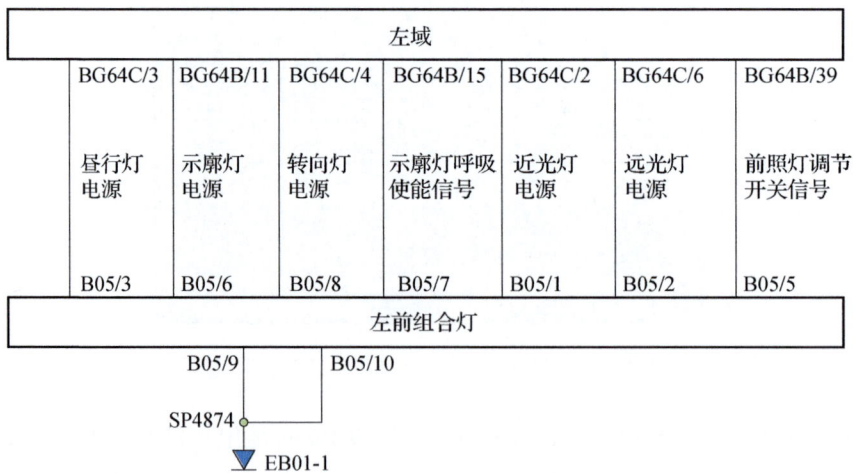

左域						
BG64C/3	BG64B/11	BG64C/4	BG64B/15	BG64C/2	BG64C/6	BG64B/39
昼行灯电源	示廓灯电源	转向灯电源	示廓灯呼吸使能信号	近光灯电源	远光灯电源	前照灯调节开关信号
B05/3	B05/6	B05/8	B05/7	B05/1	B05/2	B05/5

左前组合灯

B05/9   B05/10

SP4874

▼ EB01-1

图 3-59　左前组合灯相关电路图

（4）过程数据记录

1）接通电源，测量 B05/3—B05/9 或 B05/10 电压，约为 0V，不正常；测量 B05/3 对地电压，约为 12V，正常。

2）关闭电池，断开蓄电池负极，拔下 B05 插头，分别测量 B05/9、B05/10 对地电阻值，均为无穷大，不正常；测量 B05/9—B05/10 电阻，电阻值约为 0Ω，正常；进一步检查，确认 EB01-1 接地点脱落。

（5）故障点和故障类型

EB01-1 接地点脱落。

（6）故障机理分析

由于 EB01-1 接地点脱落，使得左前组合灯各灯光无法接地，从而导致左前组合灯上所有灯光均不亮。

四、小结

比亚迪元 PLUS 灯光系统部分，以左域为核心，涉及左前、右前组合灯，左后、右后组合灯，左后、右后中部尾灯等。除右前昼行灯和示廓灯由右域控制，其他灯光都由左域控制。对于前组合灯，近光灯和远光灯由左域分别通过同一路输出进行控制。对于后组合灯，转向使能、示廓灯和制动灯、倒车灯由左域分别通过同一路输出控制。

新能源汽车电气故障诊断技术

第四章 吉利帝豪 EV450 电气故障诊断

第一节 吉利帝豪 EV450 车型电气技术概述

一、整车概述

吉利帝豪 EV450 是吉利旗下一款紧凑型纯电动汽车，如图 4-1 所示。动力电池采用三元锂电池，电池采用液冷方式冷却，快充时间为 0.5h，慢充时间为 9h，电池能量为 52kW·h。驱动电机采用永磁同步电机，驱动电机最大功率为 120kW，最大转矩为 250N·m。NEDC 纯电续驶里程为 400km，百公里电耗为 13.6kW·h。

图 4-1　吉利帝豪 EV450 车型外观

二、整车供电

吉利帝豪 EV450 整车低压供电架构如图 4-2 所示。蓄电池正极首先到达前舱配电盒，一路给前舱配电盒供电，另外则分别通过多个熔丝对外输出，经过 AM01 熔丝后去往 EPS，经过 SF01 后去往仪表板配电盒，经过 SF02 和 SF03 后去往 ESC，经过 SF04 和 SF06 后去往 EPB，DC/DC 变换器发出的电到达前舱配电盒后，一路经过 AM02 后，与蓄电池正极并联给前舱配电盒及各熔丝供电，一路经过 SF12 后去往仪表板配电盒。整车低压供电架构实物如图 4-3 所示。

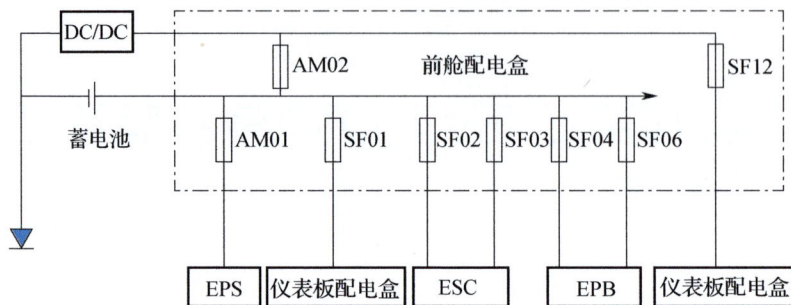

图 4-2　吉利帝豪 EV450 整车低压供电架构

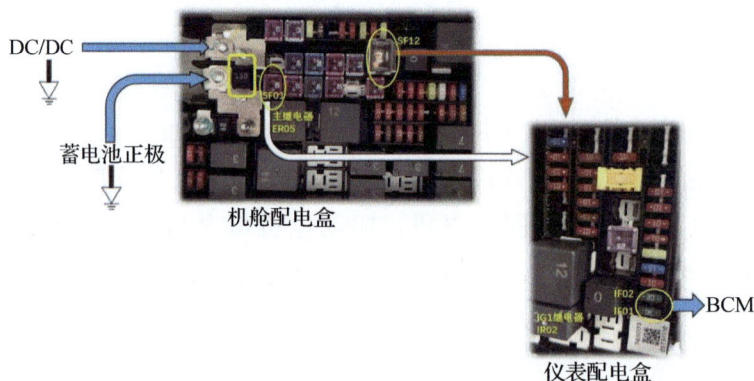

图 4-3　吉利帝豪 EV450 整车低压供电架构实物图

吉利帝豪 EV450 整车高压供电架构如图 4-4 所示，动力电池的高压由高压母线输出，连接到高压配电盒，对外输出五路高压线束连接，分别连接到压缩机、PTC、交流充电

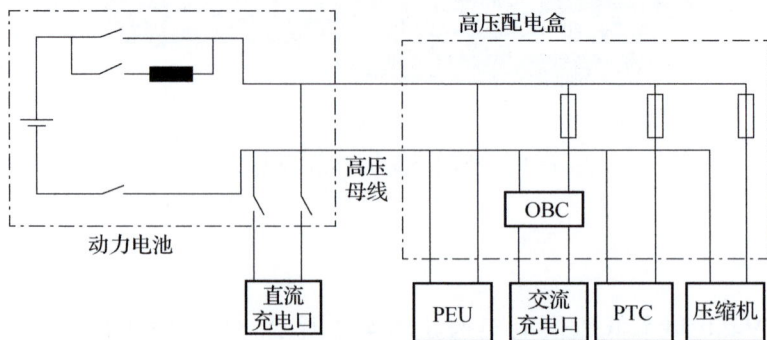

图 4-4　吉利帝豪 EV450 整车高压供电架构

口、电机控制器（PEU），直流充电直接连接到动力电池内部。高压配电盒内部结构实物如图 4-5 所示。

图 4-5　吉利帝豪 EV450 高压配电盒内部结构实物图

三、整车网络

吉利帝豪 EV450 整车网络分为 PT-CAN 和 V-CAN，网关集成在整车控制器（VCU）。

1. 诊断口

诊断口系统如图 4-6 所示，诊断口为国际标准 OBD-Ⅱ诊断接口，连接有 V-CAN、PT-CAN、调试 CAN、LIN 等网络。

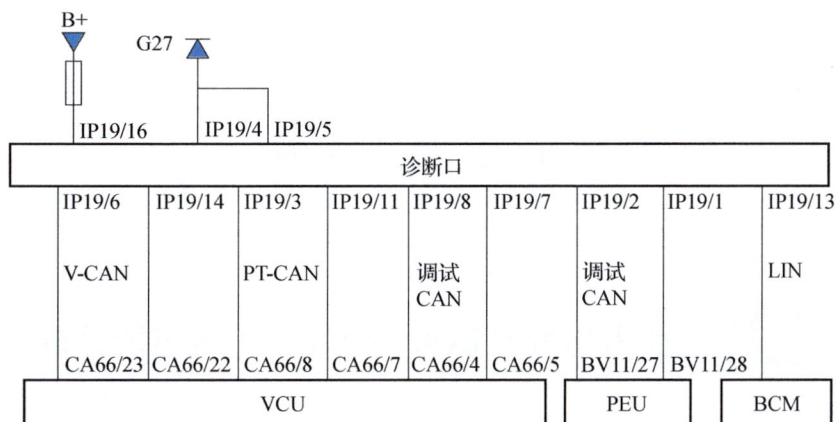

图 4-6　诊断口系统图

2. PT-CAN

PT-CAN 系统如图 4-7 所示，包括 BMS、OBC、PEU、TCU、TBOX、变速器换档开关、驾驶模式开关等。终端电阻一端位于 VCU 内，另一端位于 BMS 内。

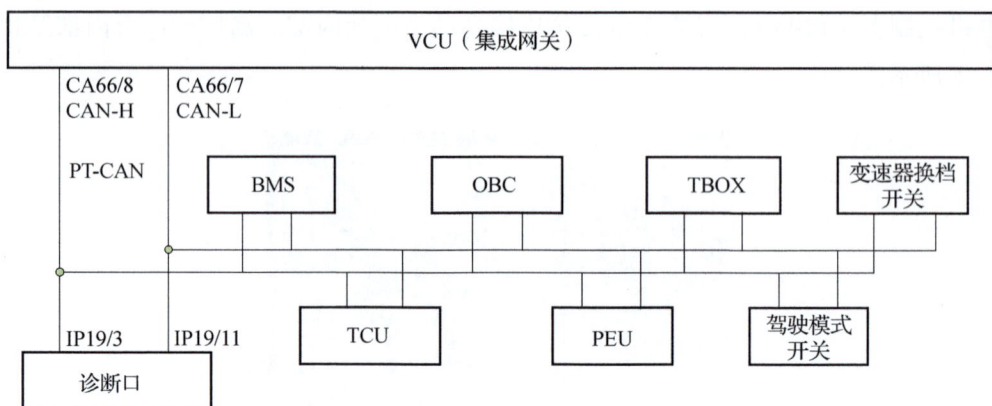

图 4-7　PT-CAN 系统图

3. V-CAN

V-CAN 系统如图 4-8 所示，包括 BCM、ESC、EPB、EPS、组合仪表、空调、转向柱锁、TBOX、方向盘转角传感器等。终端电阻一端位于 VCU 内，另一端位于 BCM 内。

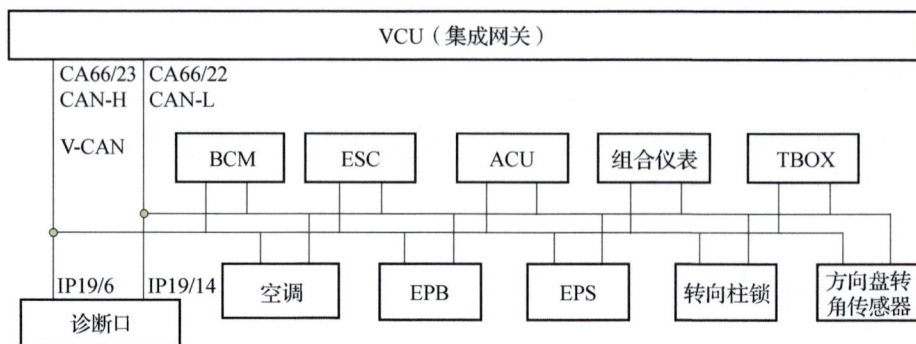

图 4-8　V-CAN 系统图

第二节　吉利帝豪 EV450 低压不上电故障诊断

一、控制原理分析

吉利帝豪 EV450 低压电源接通过程原理如图 4-9 所示。

①按下启动按钮→②启动按钮信号发送给 BCM →③ BCM 通过天线激活钥匙→④钥匙将信号发送给 BCM →⑤ BCM 验证防盗信息→⑥ BCM 确认钥匙合法后，通过 VCAN 将解锁信息发送给转向柱锁→⑦转向柱解锁并将信息通过 VCAN 反馈给 BCM →⑧ BCM

控制给 ACC/IG1 等继电器通电，完成低压上电。

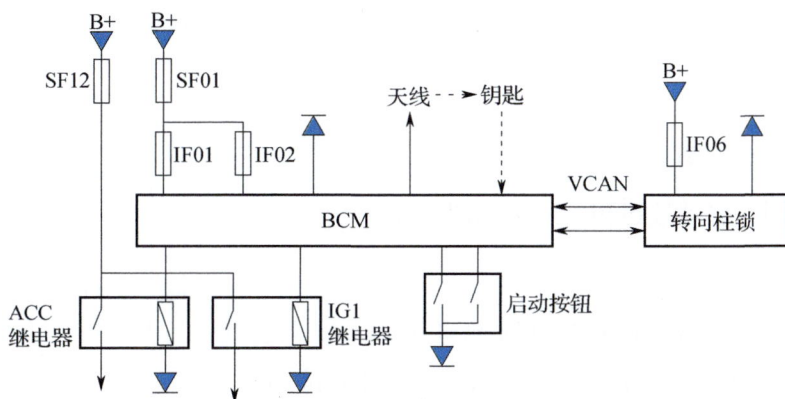

图 4-9　吉利帝豪 EV450 低压上电控制原理图

二、诊断分析思路

　　根据低压电源接通原理，启动按钮信号发送给 BCM，需要启动按钮及相关线路正常。BCM 验证防盗信息，需要 BCM 及其供电线路正常、天线及线路和钥匙正常。BCM 通过 VCAN 将解锁信息发送给转向柱锁，需要 VCAN 正常。转向柱锁解锁并将信息通过 VCAN 反馈给 BCM，需要转向柱锁及其供电线路正常。BCM 控制给 ACC/IG1 等继电器通电，完成低压上电，需要相关继电器及相关线路正常。

三、故障点分析

1. 启动按钮相关故障

（1）故障现象描述

1）按下启动按钮后，无任何反应。

2）按压门把手，车辆可正常解锁。

3）踩下制动踏板，钥匙指示灯闪烁，启动按钮指示灯点亮。

（2）通过分析得出故障可能原因

　　现象①：按下启动按钮后，无任何反应；说明启动按钮信号的传输或 BCM 对该信号的接收存在问题。

　　现象②：按压门把手，车辆可正常解锁；说明 BCM 对门把手信号的接收、对天线的控制以及钥匙信号的接收都没有问题。

　　现象③：踩下制动踏板，钥匙指示灯闪烁，启动按钮指示灯点亮；说明 BCM 及主供电正常，BCM 启动了防盗验证流程。

综上，故障可能原因：

1）启动按钮本身及其线路故障。

2）BCM 局部故障。

（3）维修资料查阅

查阅电路图，启动按钮相关电路如图 4-10 所示。

（4）过程数据记录

1）分别测量 IP23/8 和 IP23/9 对地电压，未按下启动按钮时，分别约为 0.8V 和 8V，正常；按下启动按钮后，依然约为 0.8V 和 8V，不正常。

2）断开蓄电池负极，拔下 IP23 插头，分别测量 IP23/8 和 IP23/9 对地电阻，都约为 4.7kΩ，正常；按下启动按钮后再次测量 IP23/8 和 IP23/9 对地电阻，依然都约为 4.7kΩ，不正常。

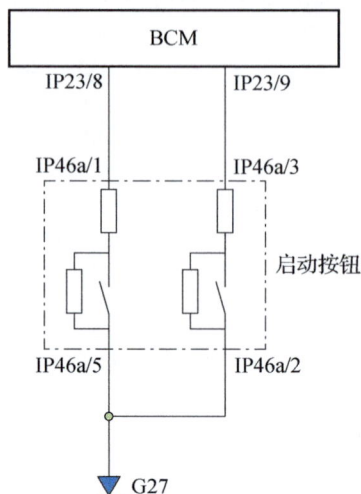

图 4-10　启动按钮相关电路图

3）拔下 IP46a 插头，按下启动按钮，同时分别测量启动按钮上 IP46a/1—IP46a5、IP46a/3—IP46a/2 电阻，电阻值均约为 4.7kΩ，不正常，说明启动按钮内部触点损坏。

IP23 插头、IP46a 插头实物如图 4-11 和图 4-12 所示。

图 4-11　IP23 插头实物图

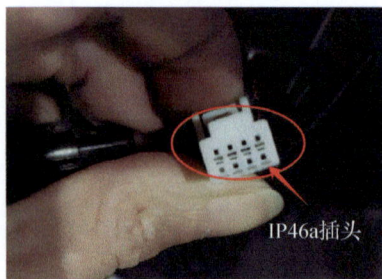

图 4-12　启动按钮的 IP46a 插头

（5）故障点和故障类型

启动按钮内部触点损坏。

（6）故障机理分析

由于启动按钮内部触点损坏，导致按下启动按钮后触点无法导通，BCM 无法接收启动按钮信号，使得按下启动按钮后无任何反应。

2. IG1 继电器相关故障

（1）故障现象描述

1）按下启动按钮后，仪表不亮，但危险警告灯闪烁。

2）操作车窗开关，车窗可正常升降。

3）前部备用电源和后排 USB 能正常使用。

（2）通过分析得出故障可能原因

现象①：按下启动按钮后，仪表不亮，但危险警告灯闪烁；说明 BCM 已发出电源接通指令，但 IG1 及相关供电存在异常，BCM 与 VCU 无法完成防盗验证。

现象②：操作车窗开关，车窗可正常升降；进一步确认工作电源已做出接通控制。

现象③：前部备用电源和后排 USB 能正常使用；说明辅助电源（ACC 电源）已接通。

综上，故障可能原因：

1）IG1 继电器及其线路故障。

2）BCM 局部故障。

（3）维修资料查阅

查阅电路图，IG1 继电器相关电路如图 4-13 所示。

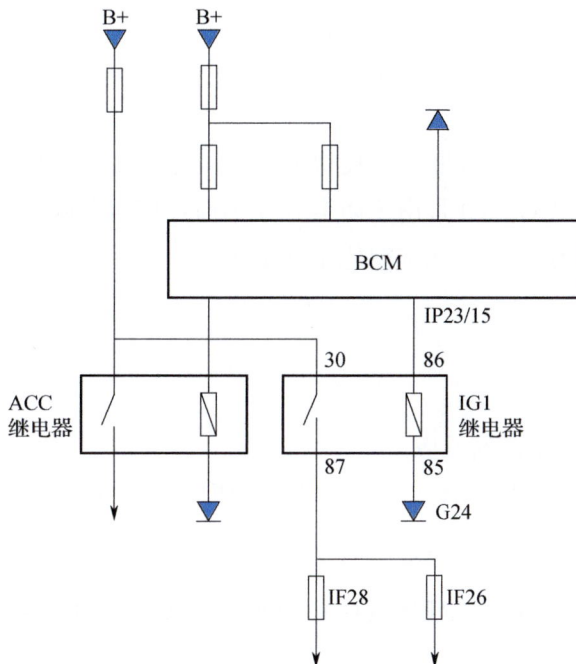

图 4-13 IG1 继电器相关电路图

（4）过程数据记录

1）按下启动按钮，测量 IG1 继电器输出端部分熔丝如 IF26、IF28 对地电压，均约为 0V，不正常。

2）测量 IG1 继电器的 87# 对地电压，约为 0V，不正常；测量 IG1 继电器的 30# 对地电压，约为 12V，正常。

3）测量 IG1 继电器的 86# 对地电压，约为 0V，不正常；测量 IP23/15 对地电压，约为 12V，正常。

4）关闭电源，断开蓄电池负极，分别拔下 IG1 继电器和 IP23 插头，测量 IP23/15—IG1/86 电阻，电阻值无穷大，不正常，说明该段线路存在断路故障。

IP23/15 针脚位置如图 4-14 所示。

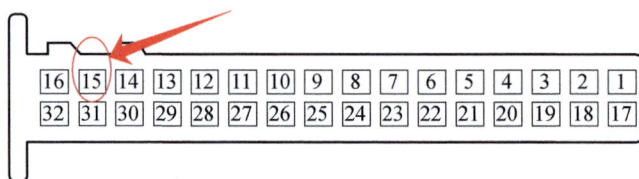

图 4-14　IP23/15 针脚位置图

（5）故障点和故障类型

IP23/15—IG1/86 线路断路。

（6）故障机理分析

由于 IG1 继电器线圈控制线断路，使得 IG1 继电器不工作，导致 IG1 供电部件无法接通工作电源，仪表无法点亮，并且由于防盗验证不通过使得危险警告灯闪烁，而车窗工作电源不需要通过 IG1 继电器，因此车窗能正常工作。

3. IF02 供电故障

（1）故障现象描述

1）按下启动按钮，无任何反应。

2）踩下制动踏板，钥匙指示灯不闪，启动按钮指示灯不亮。

（2）通过分析得出故障可能原因

现象①：按下启动按钮，无任何反应；说明启动按钮信号的传输或 BCM 对该信号的接收存在问题。

现象②：踩下制动踏板，钥匙指示灯不闪，启动按钮指示灯不亮；制动信号的传输或 BCM 对该信号的接收存在问题。

综上，故障可能原因：

1）BCM 本身故障。

2）BCM 供电及相关线路故障。

（3）维修资料查阅

查阅电路图，BCM 供电及相关线路如图 4-15 所示。

（4）过程数据记录

1）测量 IP22a/1 对地电压，约为 0V，不正常；测量
IP22a/3 对地电压，约为 12V，正常。

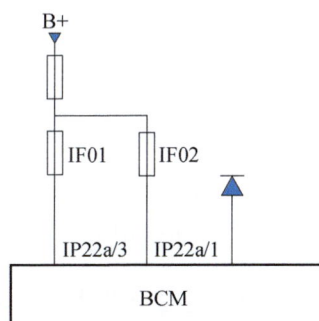

图 4-15　BCM 供电及相关线路图

2）测量 IF02 熔丝上游对地电压，约为 12V，正常；测量
IF02 熔丝下游对地电压，约为 0V，不正常。

3）拔下 IF02 熔丝，测量熔丝电阻，电阻值无穷大，说明 IF02 熔丝损坏；IF02 熔丝
位置如图 4-16 所示。

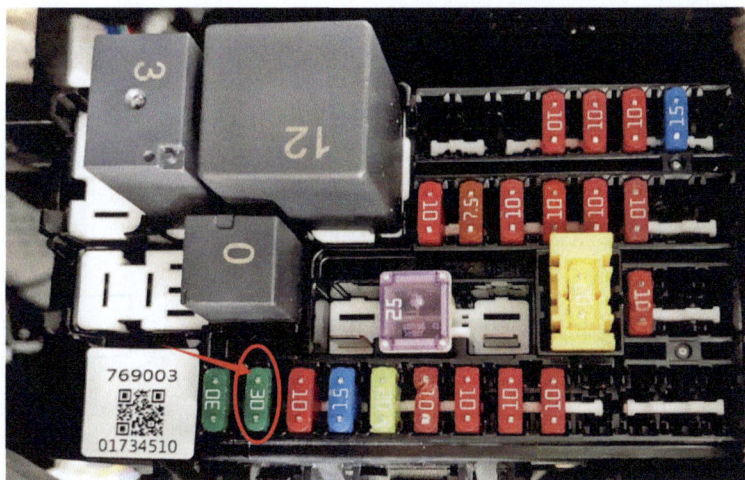

图 4-16　IF02 熔丝位置图

4）断开蓄电池负极，拔下 IP22a 插头，测量 IP22a/1 对地电阻，约为 0Ω，不正常，
说明该段线路存在对地短路故障。

（5）故障点和故障类型

IF02 下游—IP22a/1 线路对地短路，IF02 熔丝损坏。

（6）故障机理分析

由于 BCM 的 IF02 供电故障，而该供电为 BCM 的主供电，导致 BCM 工作异常。

4. IF01 供电故障

（1）故障现象描述

1）按下启动按钮后，仪表不亮，但危险警告灯闪烁。

2）操作车窗开关，车窗可正常升降。

3）前部备用电源和后排 USB 都无法使用。

（2）通过分析得出故障可能原因

现象①：按下启动按钮后，仪表不亮，但危险警告灯闪烁；说明 BCM 已发出电源接通指令，但 IG1 及相关供电存在异常，BCM 与 VCU 无法完成防盗验证。

现象②：操作车窗开关，车窗可正常升降；进一步确认工作电源已做出接通控制。

现象③：前部备用电源和后排 USB 都无法使用；说明 ACC 电源可能存在异常。

综上，故障可能原因：

1）BCM 供电及相关线路故障。

2）BCM 局部故障。

（3）维修资料查阅

查阅电路图，BCM 供电及相关线路如图 4-17 所示。

（4）过程数据记录

1）测量 IP22a/1 对地电压，约为 12V，正常；测量 IP22a/3 对地电压，约为 0V，不正常。

2）测量 IF01 熔丝对地电压，约为 12V，正常。

3）断开蓄电池负极，拔下 IF01 熔丝，测量 IF01 下游—IP22a/3 电阻，电阻值无穷大，不正常，说明该段线路存在断路故障。

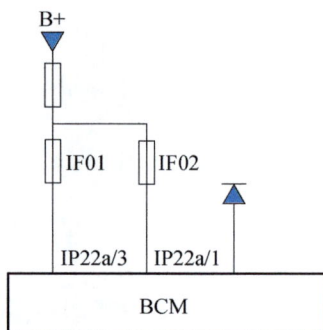

图 4-17　BCM 供电及相关线路图

IP22a/3 针脚位置如图 4-18 所示。

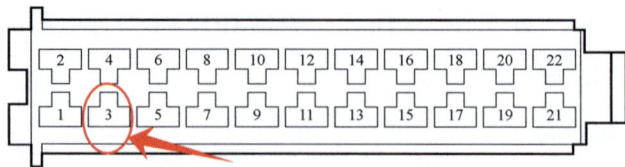

图 4-18　IP22a/3 针脚位置图

（5）故障点和故障类型

IF01 下游—IP22a/3 线路断路。

（6）故障机理分析

IF01 供电在电路图上是连接到 BCM，实际是经过 BCM 后给 ACC 和 IG1 继电器线圈供电，内部的逻辑结构如图 4-19 所示。当完成低压上电防盗验证流程及转向柱锁解锁流程后，BCM 控制接通内部供电电路，IF01 供电经过 BCM 后分别给 ACC 和 IG1 继电器线圈供电。当 IF01 供电故障时，ACC 和 IG1 继电器无法正常工作，从而出现上述故障现象。

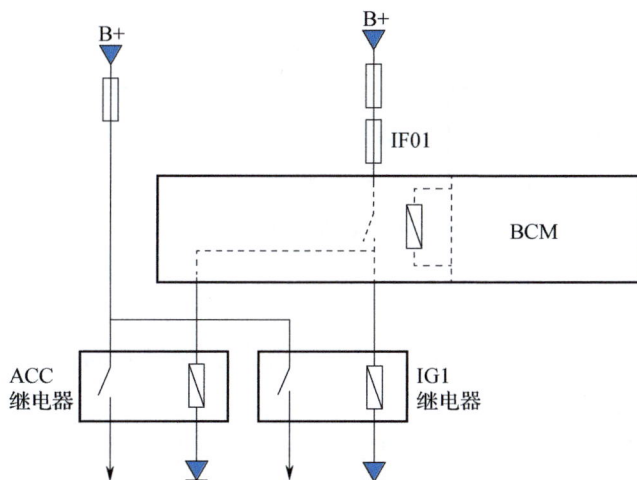

图 4-19　IF01 供电内部的逻辑结构图

5. 转向柱锁供电故障

（1）故障现象描述

1）按下启动按钮后，无任何反应，但钥匙指示灯闪烁。

2）打开车门，仪表可以显示车门状态。

（2）通过分析得出故障可能原因

现象①：按下启动按钮后，无任何反应，但钥匙指示灯闪烁；说明 BCM 已经通过天线激活了钥匙，如果是钥匙信息未被正确反馈给 BCM，则仪表会显示"未识别到钥匙"，因此可能是仪表本身问题导致无法显示，或者 BCM 收到了钥匙的反馈，但在转向柱解锁环节出现了问题。

现象②：打开车门，仪表可以显示车门状态；说明仪表能正常显示信息，且 BCM—仪表的 VCAN 正常。

综上，故障可能原因：

1）转向柱锁供电故障。

2）转向柱锁侧 VCAN 故障。

3）转向柱锁本身故障。

（3）维修资料查阅

查阅电路图，转向柱锁相关电路如图 4-20 所示。

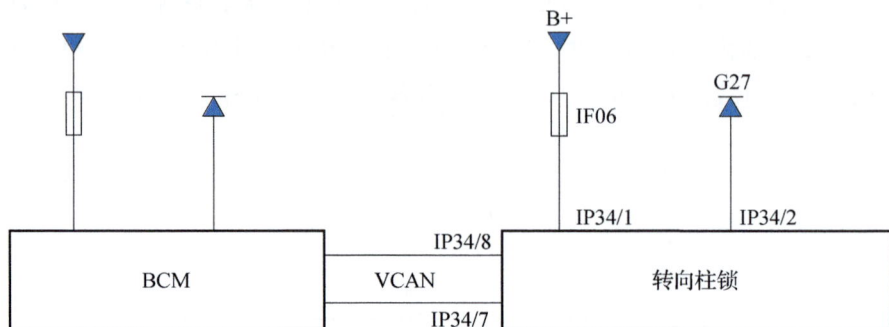

图 4-20　转向柱锁相关电路图

（4）过程数据记录

1）测量 IP34/1—IP34/2 电压，约为 0V，不正常；测量 IP34/1 对地电压，约为 12V，正常。

2）断开蓄电池负极，拔下 IP34 插头，测量 IP34/2 对地电阻，电阻值无穷大，不正常；进一步检查 G27 接地点，连接正常，说明 IP34/2—G27 线路存在断路故障。

IP34/2 针脚位置如图 4-21 所示。

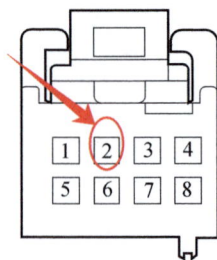

图 4-21　IP34/2 针脚位置图

（5）故障点和故障类型

IP34/2—G27 线路断路。

（6）故障机理分析

由于转向柱锁接地线断路，导致转向柱锁不工作，BCM 无法收到转向柱锁解锁反馈，使得电源无法接通。又由于 BCM 正确接收到了钥匙的反馈，所以仪表上也不会出现"未识别到钥匙"等提示信息。

6. BCM 侧 VCAN 故障

（1）故障现象描述

1）按下启动按钮后，无任何反应，但钥匙指示灯闪烁。

2）打开车门，仪表不显示车门状态，按下危险警告灯开关，仪表危险警告灯不亮。

（2）通过分析得出故障可能原因

现象①：按下启动按钮后，无任何反应，但钥匙指示灯闪烁；说明 BCM 已经通过天线激活了钥匙，可能是仪表本身问题导致无法显示，或者BCM收到了钥匙的反馈，但在转向柱解锁环节出现了问题。

现象②：打开车门，仪表不显示车门状态，按下危险警告灯开关，仪表危险警告灯不亮；说明BCM无法将信号发送给仪表，或者仪表本身故障。而如果是仪表本身故障，不会影响低压上电。

综上，故障可能原因：

1）BCM本身故障。

2）BCM侧VCAN故障。

（3）维修资料查阅

查阅电路图，BCM侧VCAN电路如图4-22所示。

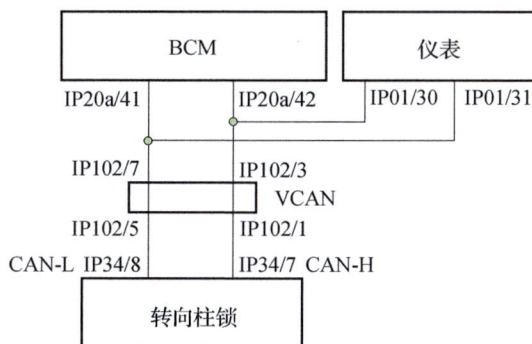

图4-22 BCM侧VCAN电路图

（4）过程数据记录

1）按下启动按钮，测量IP20a/41、IP20a/42对地波形，不正常，如图4-23所示。

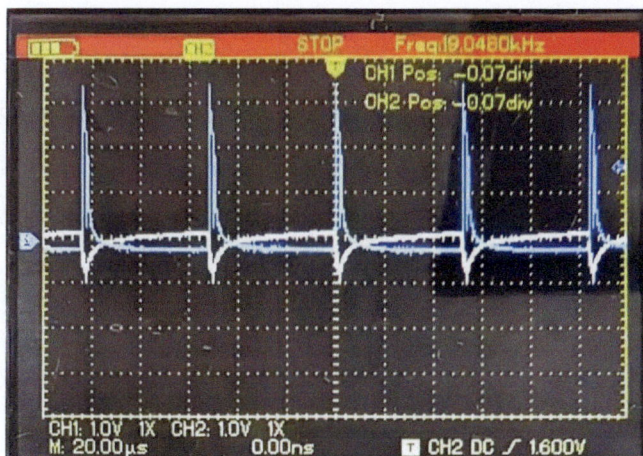

图4-23 IP20a/41、IP20a/42对地波形

2）断开蓄电池负极，拔下 IP20a 插头，测量 IP20a/41—IP20a/42 电阻，电阻值无穷大，不正常。

3）拔下 IP102 插头，测量 IP20a/41—IP102/7 电阻，电阻值无穷大，不正常；测量 IP20a/42—IP102/3 电阻，约为 0Ω，正常；拔下 IP01 插头，测量 IP01/31—IP102/7 电阻，约为 0Ω，正常；说明 IP20a/41- 中间节点线路存在断路故障。

IP20a/41、IP20a/42 针脚位置如图 4-24 所示。

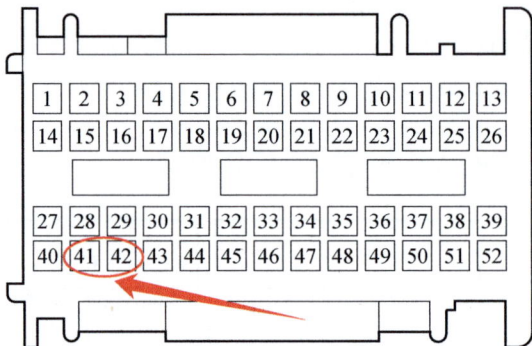

图 4-24　IP20a/41、IP20a/42 针脚位置图

（5）故障点和故障类型

IP20a/41- 中间节点线路断路。

（6）故障机理分析

由于 BCM 侧 VCAN 故障，导致 BCM 无法将转向柱解锁请求信号发送给转向柱锁，从而使得车辆无法低压上电，又由于前续的钥匙防盗验证在 BCM 内已通过，且 BCM 无法与仪表通信，所以仪表也不会显示"未识别到钥匙"等信息。

四、小结

吉利帝豪 EV450 低压上电部分以 BCM 为核心，接收启动按钮信号、钥匙信号等，在防盗验证通过并使转向柱解锁后，对 ACC 继电器、IG1 继电器等部件进行控制，使低压上电。对于该车低压上电部分，需要重点观察钥匙指示灯闪烁情况、转向柱解锁情况、仪表提示情况等，结合控制流程，缩小故障范围。

第三节　吉利帝豪 EV450 高压不上电故障诊断

一、控制原理分析

吉利帝豪 EV450 高压上电控制原理图如图 4-25 所示。

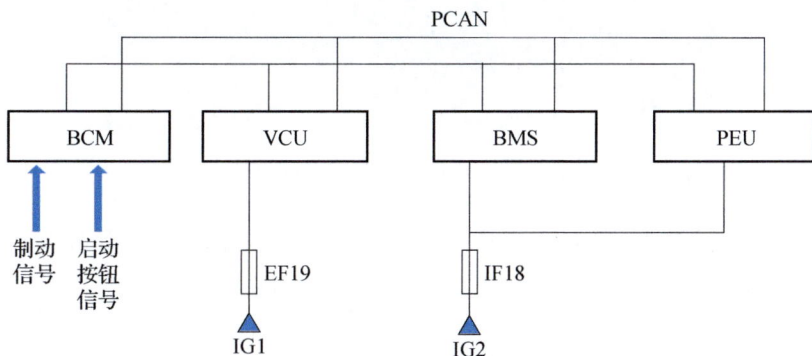

图 4-25　吉利帝豪 EV450 高压上电控制原理图

踩下制动踏板同时按下启动按钮，BCM 在完成钥匙信号验证后控制接通 ACC 继电器、IG1 继电器、IG2 继电器等。IG1 继电器给传统低压部件及整车控制器（VCU）提供工作电源。VCU 获得工作电源后，通过 CAN 总线与 BCM 进行防盗验证，同时 VCU 通过 CAN 总线获取起动信号，当防盗验证通过并获取起动信号后，VCU 启动上高压控制。VCU 指令 BMS 上高压，BMS 自检无异常后执行上高压指令。

二、诊断分析思路

根据高压上电控制流程，需要 VCU 和 BCM 防盗验证正常，制动信号和启动信号正常，需要 VCU、BMS、PEU 等模块本身及供电和通信正常。在对高压上电故障进行诊断时，除根据故障现象结合控制原理，还需要借助诊断仪读取相关故障码和数据流进行综合分析。

三、故障点分析

1. 主继电器相关故障

（1）故障现象描述

1）按下启动按钮后，电源可接通，无法上高压，仪表上"ready"指示灯不亮，同时系统故障灯点亮，如图 4-26 所示。

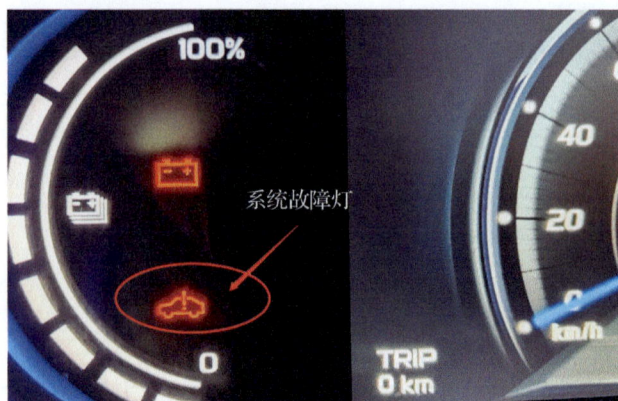

图 4-26　仪表系统故障灯点亮

2）用诊断仪进行检测，VCU 存储"PIC0852 主继电器故障"等故障码，如图 4-27 所示。VCU 内数据流"ECU 供电电压"显示为 2V，如图 4-28 所示。

图 4-27　VCU 存储"PIC0852 主继电器故障"等故障码

图 4-28　VCU 内数据流"ECU 供电电压"显示为 2V

（2）通过分析得出故障可能原因

现象①：按下启动按钮后，电源可接通，无法上高压，仪表上"ready"指示灯不亮，同时系统故障灯点亮；说明高压上电异常。

现象②：用诊断仪进行检测，VCU 存储"PIC0852 主继电器故障"等故障码，VCU 内数据流"ECU 供电电压"显示为 2V；根据上述故障码和数据流，主要指向主继电器相关部分。

综上，故障可能原因：

1）主继电器故障。

2）主继电器相关线路故障。

3）VCU 局部故障。

（3）维修资料查阅

查阅电路图，主继电器相关电路如图 4-29 所示。

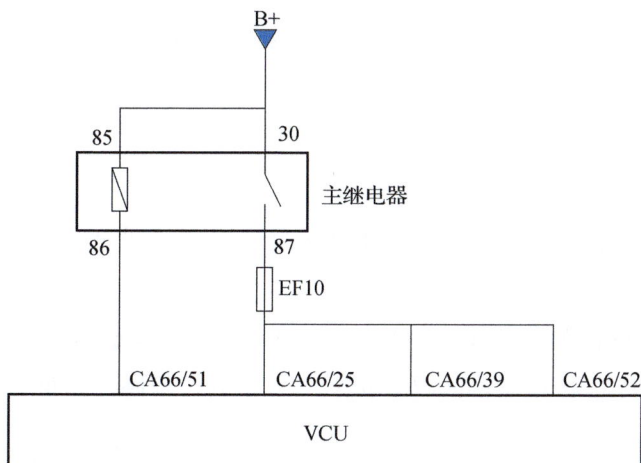

图 4-29　主继电器相关电路图

（4）过程数据记录

1）接通电源，测量 EF10 熔丝对地电压，约为 0V，不正常。

2）测量 CA66/51 对地电压，约为 0V，正常；测量主继电器 86# 对地电压，约为 12V，不正常。

3）关闭电源，断开蓄电池负极，拔下主继电器和 CA66 插头，测量主继电器 86#—CA66/51 电阻，约为 200Ω，不正常，说明该段线路存在虚接故障。

CA66/51 针脚位置如图 4-30 所示。

（5）故障点和故障类型

主继电器 86#—CA66/51 线路虚接约 200Ω 电阻。

（6）故障机理分析

主继电器线圈控制端虚接，导致主继电器不工作，造成高压互锁等线路无法获得供电，使得高压不上电。

图 4-30　CA66/51 针脚位置图

2. 高压互锁故障

（1）故障现象描述

1）按下启动按钮后，电源可接通，无法上高压，仪表上"ready"指示灯不亮，同时系统故障灯点亮。

2）用诊断仪进行检测，VCU 存储"P1C4096 高压互锁故障"等故障码，如图 4-31 所示；VCU 内数据流"VCU 的高压互锁信号"显示为"故障"，如图 4-32 所示。

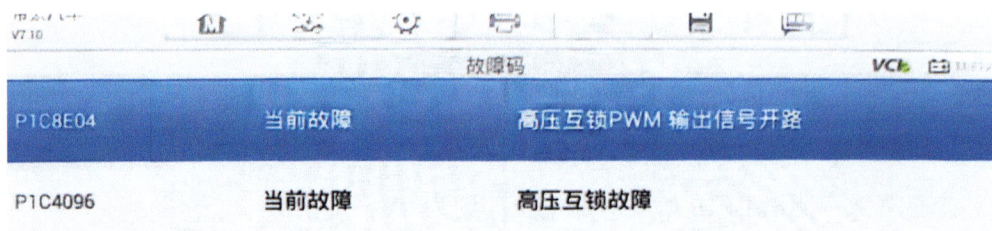

图 4-31　VCU 存储"P1C4096 高压互锁故障"故障码

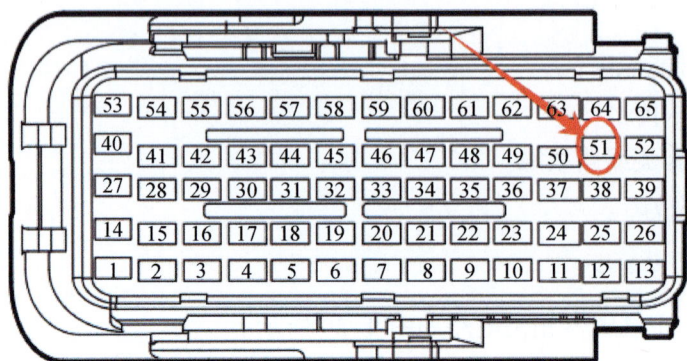

图 4-32　VCU 内数据流"VCU 的高压互锁信号"显示为"故障"

（2）通过分析得出故障可能原因

现象①：按下启动按钮后，电源可接通，无法上高压，仪表上"ready"指示灯不亮，同时系统故障灯点亮；说明高压上电异常。

现象②：用诊断仪进行检测，VCU 存储"P1C4096高压互锁故障"等故障码，VCU内数据流"VCU的高压互锁信号"显示为"故障"；根据上述故障码和数据流，主要指向高压互锁部分。

综上，故障可能原因：

1）高压互锁线路故障。

2）高压互锁所连接的某个模块内部局部故障。

3）VCU 局部故障。

（3）维修资料查阅

查阅电路图，高压互锁连接线路如图 4-33 所示。

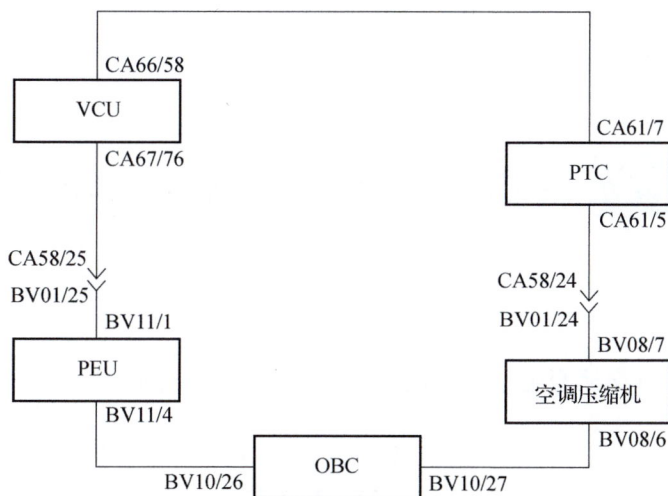

图 4-33　高压互锁连接线路图

（4）过程数据记录

1）接通电源，测量 CA67/76 对地电压，约为 1.3V，不正常；测量 CA66/58 对地电压，约为 12V，不正常。

2）测量 BV11/1 对地电压，约为 12V，不正常。

3）关闭电源，断开蓄电池负极，分别拔下 CA67 和 BV11 插头，测量 CA67/76—BV11/1 电阻，电阻值无穷大，不正常；进一步拔下位于机舱左前纵梁上的 BV01 和 CA58 转接插头，如图 4-34 所示，测量 CA67/76—CA58/25 电阻，约为 0Ω，正常；测量 BV01/25—BV11/1 电阻，电阻值无穷大，不正常，说明该段线路存在断路故障。

（5）故障点和故障类型

BV01/25—BV11/1 线路断路。

（6）故障机理分析

由于高压互锁线路存在断路故障，导致高压不上电。

四、小结

吉利帝豪 EV450 高压上电部分，以整车控制器（VCU）为核心，在工作电源接通后，接收上高压控制信息，检查高压互锁等情况，并向 BMS 发送上高压指令。在检测维修过程中，要抓住 VCU 和 BMS 这两个关键点，以此为中心，合理计划诊断步骤。

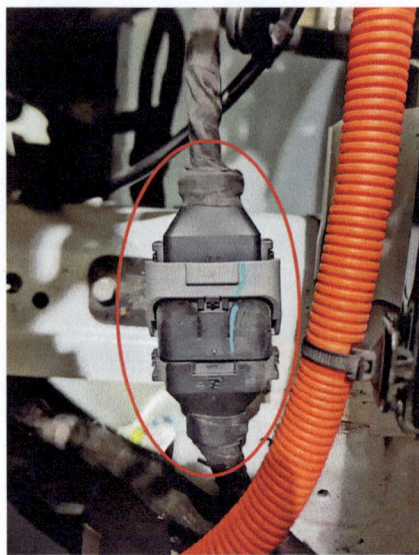

图 4-34　BV01 和 CA58 转接插头

第四节　吉利帝豪 EV450 交流充电系统故障诊断

一、控制原理分析

吉利帝豪 EV450 交流充电系统控制原理图如图 4-35 所示。

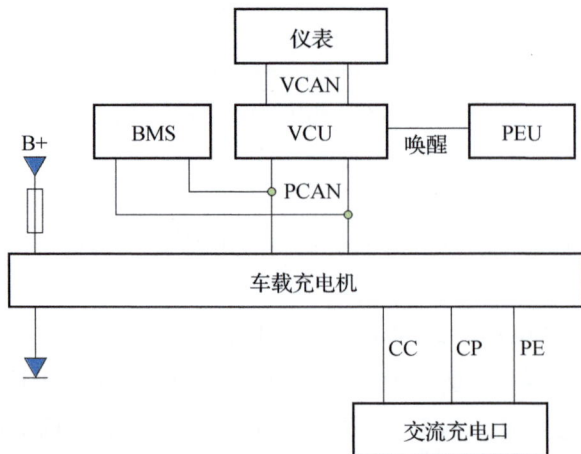

图 4-35　吉利帝豪 EV450 交流充电系统控制原理图

插入充电枪后，CC信号发送给车载充电机（OBC），OBC被唤醒，并检测CP信号。同时OBC通过PCAN唤醒整车控制器（VCU）、电池管理系统（BMS），VCU唤醒电机控制器（PEU），同时VCU通过VCAN将充电连接信号发送给仪表。OBC收到VCU信号后将CC/CP信号发送给VCU，VCU收到车速小于2km/h、档位P位、无预约充电，则发送给BMS充电许可。BMS自检无故障后进行预充，PEU反馈预充完成，完成预充后BMS控制上高压并反馈给VCU，VCU将高压无故障信息反馈给OBC，OBC闭合高压充电回路，车辆开始充电。

二、诊断分析思路

根据交流充电控制流程，要使得车辆能够正常进行交流充电，需要OBC及相关线路正常，VCU、BMS及相关线路正常，PCAN正常，唤醒线正常，交流充电口相关线路正常，充电枪正常，同时需要所连接的220V交流电源正常。在诊断交流充电故障时，首先要确认车辆能正常上高压电，在此前提下，VCU、BMS等很多部件就可判断是正常的，后续交流充电的故障诊断，都是基于高压上电正常来梳理。

三、故障点分析

1. CC 相关故障

（1）故障现象描述

1）充电枪一端连接电网，另一端插入交流充电口，仪表充电指示灯不亮，也无其他任何反应，车辆无法充电。

2）用诊断仪进行检测，无故障存储。

（2）通过分析得出故障可能原因

现象①：充电枪一端连接电网，另一端插入交流充电口，仪表充电指示灯不亮，也无其他任何反应，车辆无法充电；说明充电枪—OBC充电连接信号CC可能存在异常。

现象②：用诊断仪进行检测，无故障存储；说明OBC整体正常。

综上，故障可能原因：

1）充电枪故障。

2）充电口到OBC的CC线路故障。

3）OBC局部故障。

（3）维修资料查阅

查阅电路图，CC相关部分电路如图4-36所示。

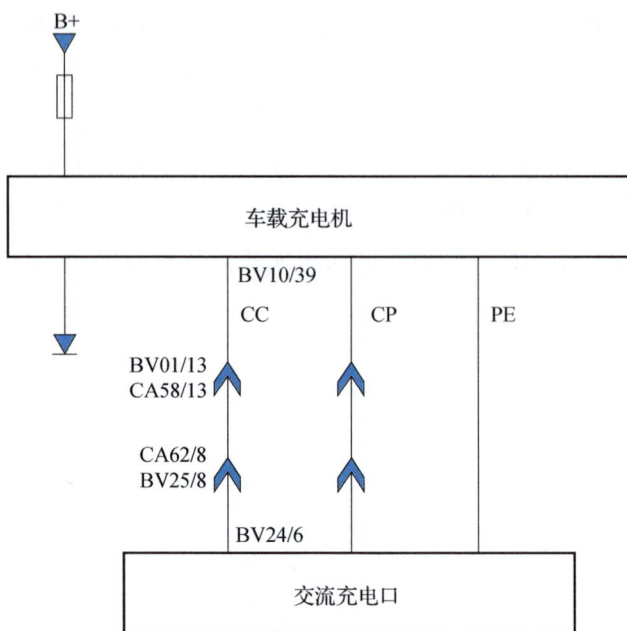

图4-36　CC相关部分电路图

（4）过程数据记录

1）测量 BV24/6 对地电压，约为 0V，不正常；测量 BV10/39 对地电压，约为 3.5V，正常。

2）断开蓄电池负极，分别拔下 BV10 和 BV24 插头，测量 BV10/39—BV24/6 电阻，电阻值无穷大，不正常。

3）进一步拔下 BV01 插头，测量 BV10/39—BV01/13 电阻，电阻值无穷大，不正常，测量 CA58/13—BV24/6 电阻，约为 0Ω，正常；说明 BV10/39—BV01/13 线路存在断路故障。

BV10/39 针脚位置如图 4-37 所示。

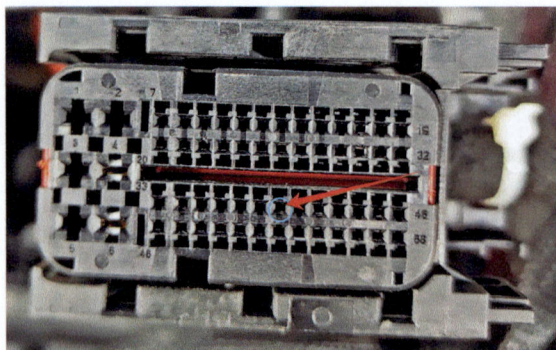

图4-37　BV10/39 针脚位置图

（5）故障点和故障类型

BV10/39—BV01/13 线路断路。

（6）故障机理分析

由于 CC 线路存在断路故障，导致插入充电枪后，OBC 无法感知到 CC 端的变化，从而仪表充电指示灯不亮，车辆无法充电。

2. CP 相关故障

（1）故障现象描述

1）充电枪一端连接电网，另一端插入交流充电口，仪表充电指示灯正常点亮，但无其他反应，车辆无法充电，如图 4-38 所示。

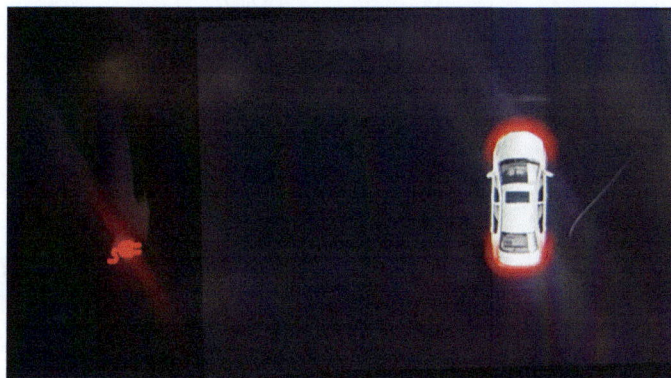

图 4-38　仪表充电指示灯点亮

2）用诊断仪进行检测，无故障存储。

（2）通过分析得出故障可能原因

现象①：充电枪一端连接电网，另一端插入交流充电口，仪表充电指示灯正常点亮，但无其他反应，车辆无法充电；初步判断 CC 部分正常。

现象②：用诊断仪进行检测，无故障存储；说明 OBC 整体正常。

综上，故障可能原因：

1）充电枪故障。

2）充电口到 OBC 的 CP 线路故障。

3）OBC 局部故障。

（3）维修资料查阅

查阅电路图，CP 相关电路如图 4-39 所示。

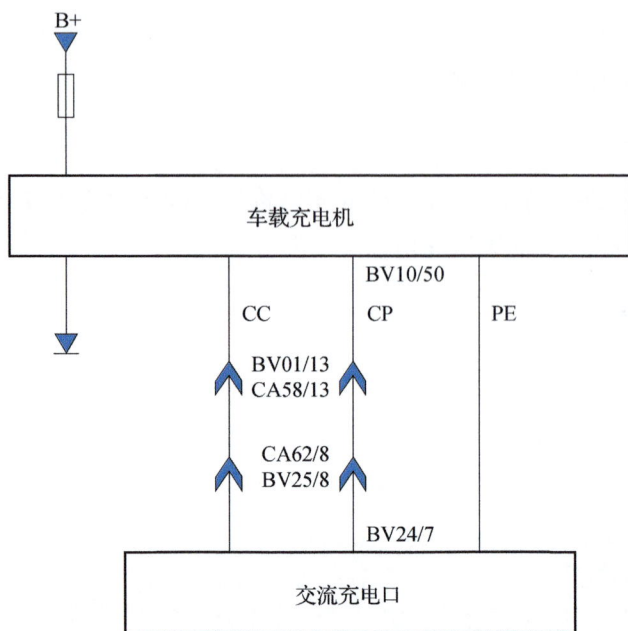

图 4-39　CP 相关电路图

（4）过程数据记录

1）在充电口测量 CP 与 PE 之间电压，约为 0V，正常；充电口 CP 与 PE 实物如图 4-40 所示。

2）将充电枪插入电网，测量枪端 CP 与 PE 之间电压，约为 12V，正常。

3）将充电枪插入交流充电口，测量 BV10/50 对地电压，约为 0V，不正常；测量 BV24/7 对地电压，约为 0V，不正常。

4）拔下充电枪，断开蓄电池负极，拔下 BV10 插头，测量 BV10/50 对地电阻，约为 10Ω，不正常。

图 4-40　充电口 CP 与 PE 实物图

5）分别拔下 BV01 和 BV25 插头，测量 BV24/7 对地电阻，电阻值无穷大，正常；测量 BV10/50 对地电阻，约为 10Ω，不正常，说明 BV10/50—BV01/13 线路对地虚接约 10Ω 电阻。

（5）故障点和故障类型

BV10/50—BV01/13 线路对地虚接约 10Ω 电阻。

（6）故障机理分析

由于 CP 对地虚接约 10Ω 电阻，导致 OBC 无法正确接收 CP 信号电压变化，使得车辆无法充电。

3. OBC 供电线故障

（1）故障现象描述

1）充电枪一端连接电网，另一端插入交流充电口，仪表充电指示灯不亮，也无其他任何反应，车辆无法充电。

2）用诊断仪进行检测，OBC 无法通信。

（2）通过分析得出故障可能原因

现象①：充电枪一端连接电网，另一端插入交流充电口，仪表充电指示灯不亮，也无其他任何反应，车辆无法充电；说明充电枪—OBC 存在异常。

现象②：用诊断仪进行检测，OBC 无法通信；说明故障在 OBC 本身或其线路。

综上，故障可能原因：

1）OBC 本身故障。

2）OBC 供电故障。

3）OBC 通信故障。

（3）维修资料查阅

查阅电路图，OBC 相关电路如图 4-41 所示。

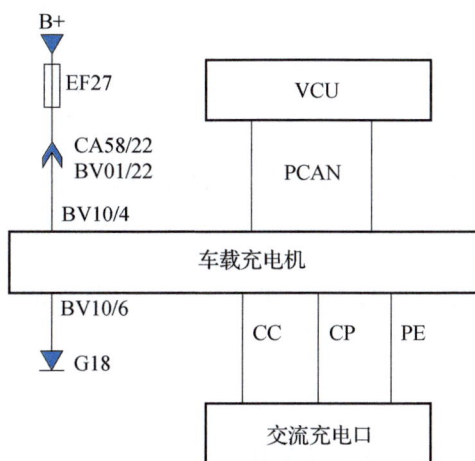

图 4-41　OBC 相关电路图

（4）过程数据记录

1）测量 BV10/4—BV10/6 电压，约为 0V，不正常；测量 BV10/4 对地电压，约为 0V，不正常。

2）测量 EF27 熔丝下游对地电压，约为 0V，不正常；测量 EF27 熔丝上游对地电压，约为 12V，正常。

3）拔下 EF27 熔丝，测量熔丝电阻，电阻值无穷大，说明 EF27 熔丝损坏，EF27 熔丝位置如图 4-42 所示。

图 4-42　EF27 熔丝位置图

4）断开蓄电池负极，拔下 BV10 插头，测量 BV10/4 对地电阻，约为 0Ω，不正常；拔下 BV01 插头，再次测量 BV10/4 对地电阻，依然约为 0Ω，不正常，说明 BV10/4—BV01/22 存在对地短路故障。

（5）故障点和故障类型

BV10/4—BV01/22 线路对地短路，EF27 熔丝损坏。

（6）故障机理分析

由于 OBC 供电故障，使得 OBC 不工作，导致交流慢充无法充电。

四、小结

吉利帝豪 EV450 交流充电部分，以车载充电机 OBC 为核心，涉及交流充电口、交流充电枪及网络通信等，诊断过程中，重点观察仪表上充电指示灯情况，用以初步判断是 CC 相关部分还是 CP 相关部分故障，同时可辅助观察充电口指示灯和充电枪上的指示灯进行综合分析。

第五章　吉利几何 G6 电气故障诊断

第一节　吉利几何 G6 车型电气技术概述

一、整车概述

吉利几何 G6 是吉利旗下一款紧凑型纯电动汽车，如图 5-1 所示，首款车型于 2022 年 11 月上市。动力电池采用三元锂电池，电池采用液冷方式冷却，以 480 新享型为例，快充时间为 0.5h，慢充时间为 8.5h，电池能量为 53kW·h，能量密度为 160.28W·h/kg，驱动电机采用永磁同步电机，驱动电机最大功率为 150kW，最大转矩为 310N·m，CLTC 纯电续驶里程为 480km，百公里电耗为 12.2kW·h。

图 5-1　吉利几何 G6 车型外观

二、整车供电

吉利几何 G6 整车低压供电架构如图 5-2 所示，蓄电池正极首先到达前舱熔丝继电器盒，经过 EF47、EF42 以及 EF49—EF39 后分别去往室内熔丝继电器盒，经过 EF48 后去往动力转向（EPS），经过 EF49 后去往充电管理系统（ODP），经过 EF02、EF03、EF04、EF05 后分别去往整车控制器（VCU）、电机控制器（PEU）、电池管理器（BMS）、车身控制器（BCM）。整车低压供电架构实物如图 5-3 所示。

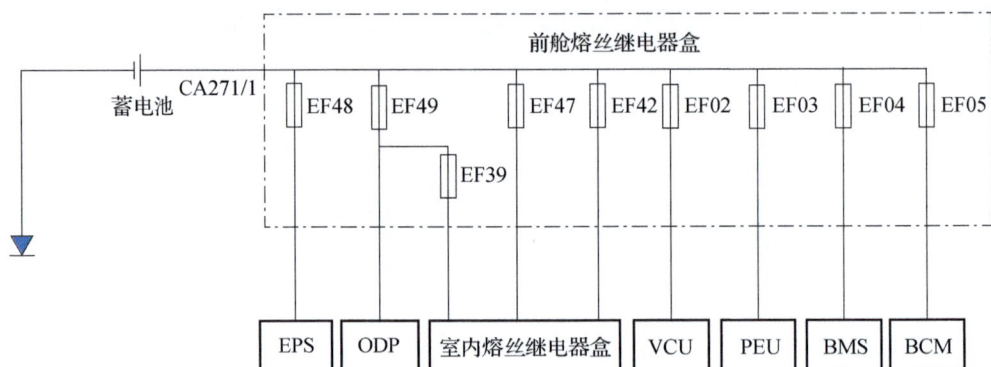

图 5-2　吉利几何 G6 整车低压供电架构

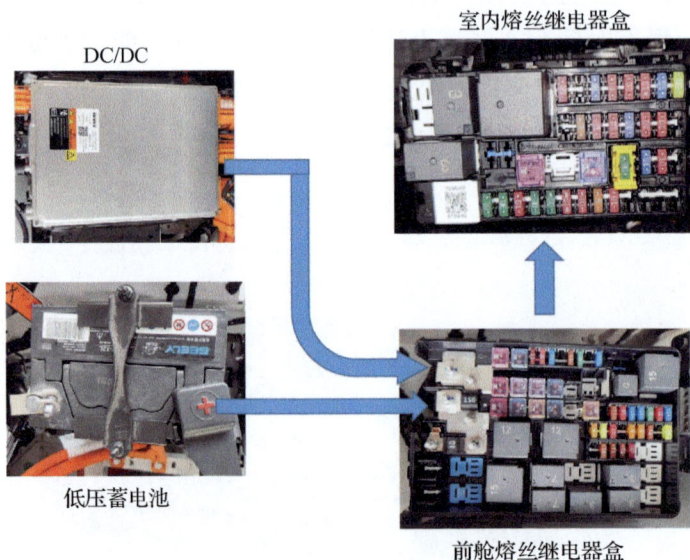

图 5-3　吉利几何 G6 整车低压供电架构实物图

吉利几何 G6 整车高压供电架构如图 5-4 所示，动力电池的高压由高压母线输出，连接到 ODP，对外输出四路，分别连接到 PEU、交流充电口、压缩机、PTC。

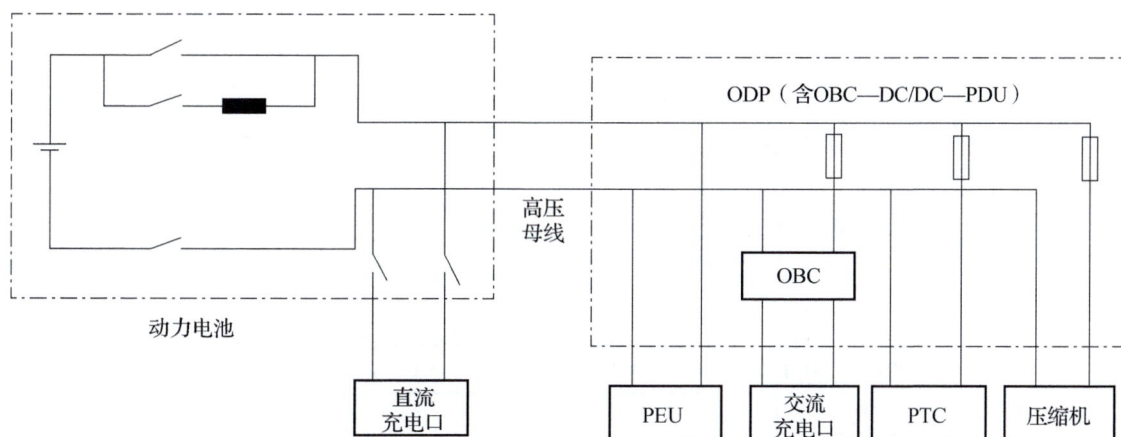

图 5-4　吉利几何 G6 整车高压供电架构

三、整车网络

吉利几何 G6 整车网络分为 HB-CAN、IF-CAN、CF-CAN、CS-CAN，具有独立的网关。

1. 诊断口

诊断口系统如图 5-5 所示，诊断口为国际标准 OBD-Ⅱ诊断接口，连接有 HB-CAN、IF-CAN 等网络。

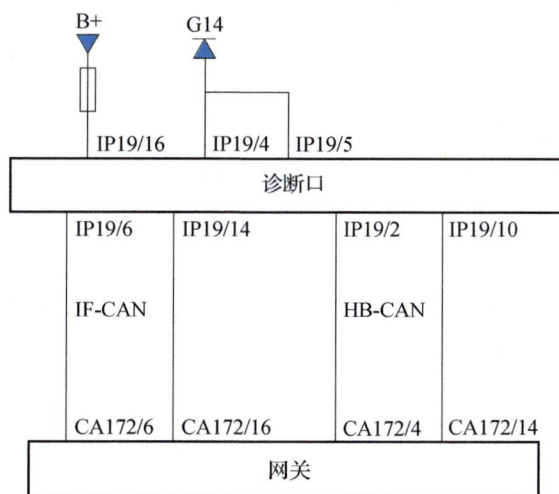

图 5-5　诊断口系统图

2. HB-CAN

HB-CAN 系统如图 5-6 所示，包括组合开关、T-BOX、ODP、VCU、PEU、BMS 等，

终端电阻一端位于网关内，另一端位于 BMS 内。

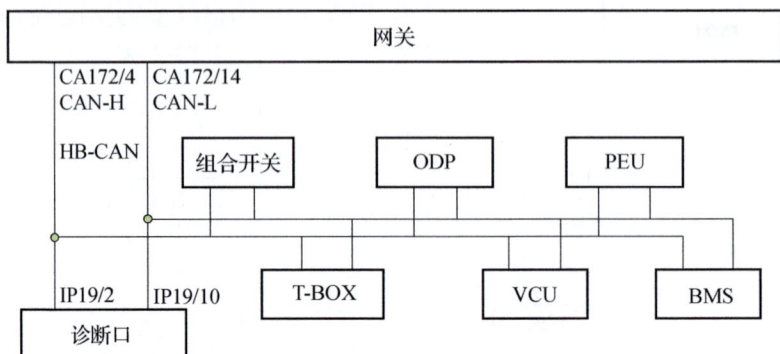

图 5-6　HB-CAN 系统图

3. IF-CAN

IF-CAN 系统如图 5-7 所示，包括左前和右前组合灯、音响主机、T-BOX、抬头显示等，终端电阻一端位于网关内，另一端位于音响主机内。

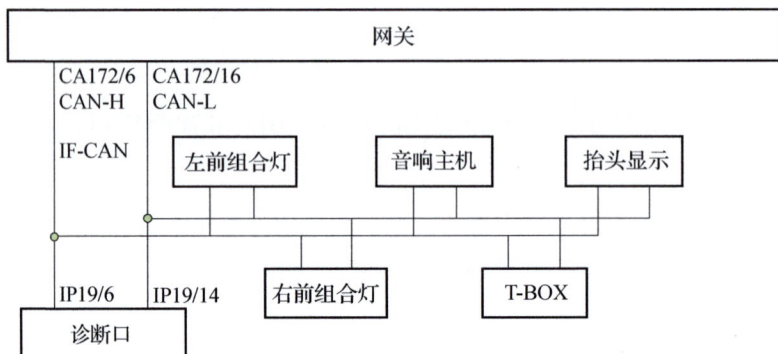

图 5-7　IF-CAN 系统图

4. CF-CAN

CF-CAN 系统如图 5-8 所示，包括低速警告控制器、座椅模块、驾驶员座椅加热模块、热管理控制模块、BCM、电子转向柱锁等，终端电阻一端位于网关内，另一端位于BCM 内。

5. CS-CAN

CS-CAN 系统如图 5-9 所示，包括 VCU、EPS、ONE-BOX、安全气囊控制模块、自动泊车、组合开关、方向盘转角传感器、前单目摄像头等，终端电阻一端位于网关内，另一端位于安全气囊控制模块内。

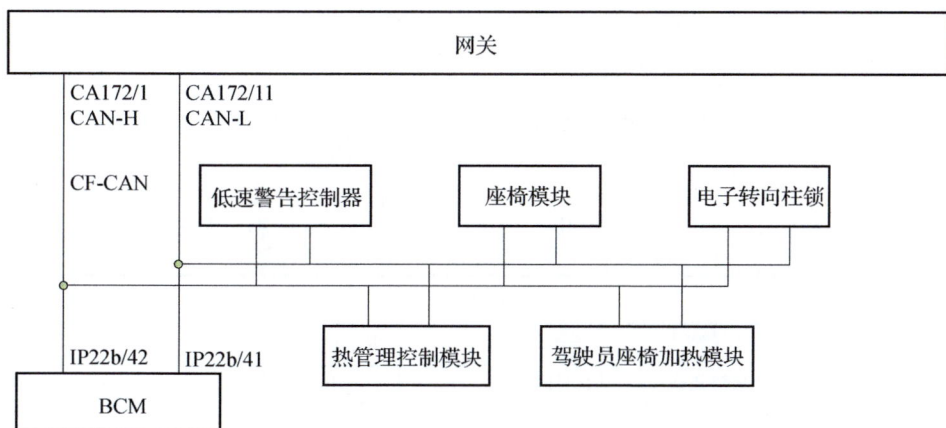

图 5-8　CF-CAN 系统图

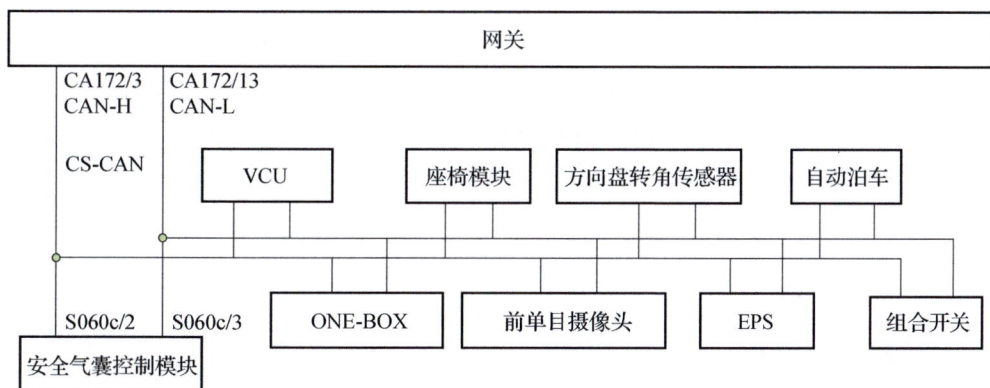

图 5-9　CS-CAN 系统图

第二节　吉利几何 G6 低压不上电故障诊断

一、控制原理分析

吉利几何 G6 低压电源接通过程原理如图 5-10 所示。

踩下制动踏板，或按下位于中控大屏的虚拟启动按钮，信号发送给车身控制器（BCM），BCM 通过天线激活钥匙，钥匙将信号发送给射频模块，射频模块通过 LIN 线将信号发送给 BCM。BCM 确认钥匙合法，控制 ACC、IG1、IG2 继电器工作，同时通过 CF-CAN 传输工作电源信号，完成低压上电过程。

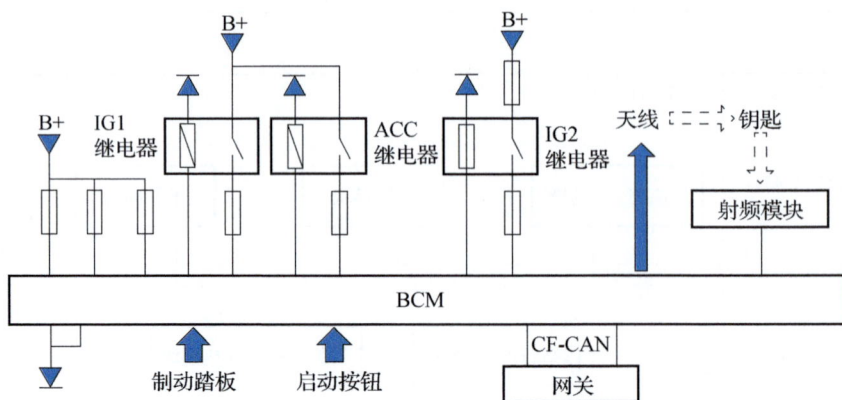

图 5-10　吉利几何 G6 低压电源接通过程原理图

二、诊断分析思路

根据低压电源接通控制流程，要正常接通电源，需要启动按钮及其线路正常，BCM 及其线路正常，天线及其线路正常，钥匙正常，转向柱锁及其线路正常，各继电器及其线路正常。

三、故障点分析

1. 射频模块相关故障

（1）故障现象描述

1）踩下制动踏板，车辆无法上电，仪表显示"将钥匙放在指定位置"，如图 5-11 所示。

图 5-11　仪表显示"将钥匙放在指定位置"

2）用钥匙操作解锁／落锁正常。

（2）通过分析得出故障可能原因

现象①：踩下制动踏板，车辆无法上电，仪表显示"将钥匙放在指定位置"；说明对钥匙识别存在异常，可能是钥匙本身故障、射频模块及线路故障、BCM故障等。

现象②：用钥匙操作解锁／落锁正常；初步认为钥匙基本正常。

综上，故障可能原因：

1）射频模块本身故障。

2）射频模块线路故障。

3）BCM局部故障。

（3）维修资料查阅

查阅电路图，射频模块相关电路如图5-12所示。

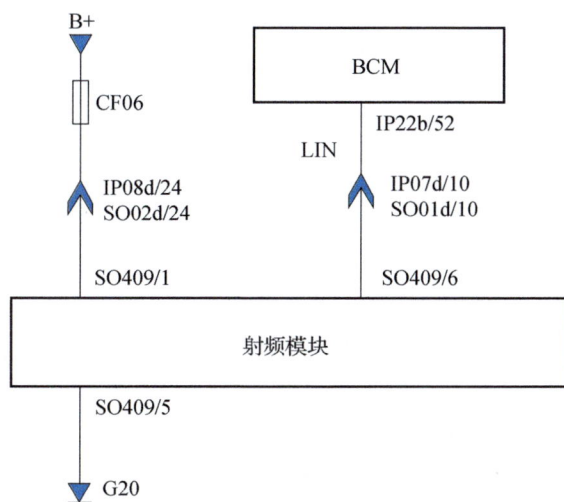

图5-12　射频模块相关电路图

（4）过程数据记录

1）踩下制动踏板，测量SO409/6对地电压，约为12V，

2）断开蓄电池负极，分别拔下SO409和IP22b插头，测量SO409/6—IP22b/52电阻，电阻值无穷大，不正常。

3）进一步拔下SO01d插头，测量IP22b/52—IP07d/10电阻，约为0Ω，正常；测量SO01d/10—SO409/6电阻，电阻值无穷大，不正常，说明该段线路存在断路故障。

（5）故障点和故障类型

SO01d/10—SO409/6线路断路。

（6）故障机理分析

由于 BCM 和射频模块相连的 LIN 线断路，导致钥匙信号无法通过射频模块发送给
BCM，从而使得 BCM 无法识别到钥匙信号，车辆无法上电。

2. 制动灯开关相关故障

（1）故障现象描述

1）踩下制动踏板，无任何反应，制动灯也不亮。

2）按下大屏上虚拟启动按钮，可以正常上电。

（2）通过分析得出故障可能原因

现象①：踩下制动踏板，无任何反应，制动灯也不亮；说明制动灯开关及线路可能存
在故障，相关模块存在故障。

现象②：按下大屏上虚拟启动按钮，可以正常上电；进一步说明车辆本身上电功能
正常。

综上，故障可能原因：

1）制动灯开关故障。

2）制动灯开关线路故障。

3）BCM 局部故障。

（3）维修资料查阅

查阅电路图，制动灯开关相关电路如图 5-13 所示。

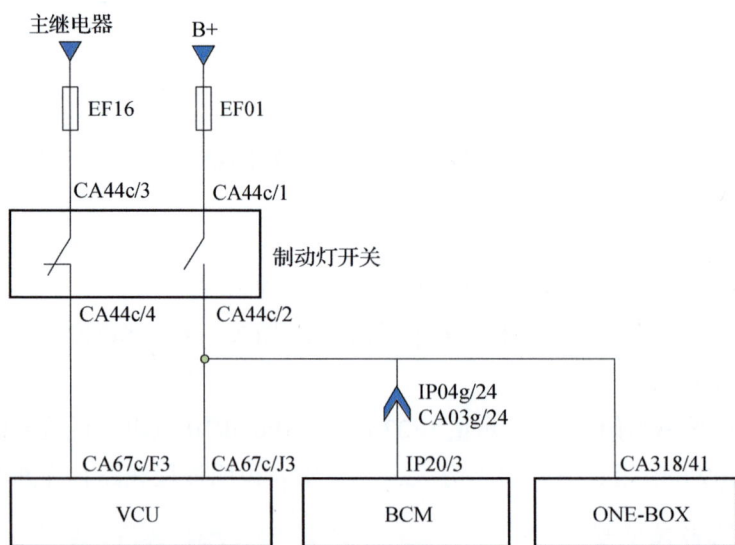

图 5-13　制动灯开关相关电路图

（4）过程数据记录

1）踩下制动踏板，分别测量 CA67c/J3、IP20/3、CA318/41 对地电压，均约为 0V，不正常；测量 CA44c/2 对地电压，约为 12V，正常。

2）断开蓄电池负极，分别拔下 CA44、CA67c 和 IP20 插头，测量 CA44c/2—CA67c/J3、CA44c/2—IP20/3 电阻值，均为无穷大，不正常；测量 CA67c/J3—IP20/3 电阻，约为 0Ω，正常；说明 CA44c/2 到中间节点存在断路故障。

（5）故障点和故障类型

CA44c/2—中间节点线路断路。

（6）故障机理分析

由于制动灯开关常开触点端后部线路断路，导致踩下制动踏板后，制动灯开关信号电压无法传输到 BCM，从而出现上述故障现象。

3.网关相关故障

（1）故障现象描述

1）不论是打开车门还是踩下制动踏板，仪表都没有任何显示，如图 5-14 所示，车辆无法上电。

图 5-14　仪表无任何显示

2）用诊断仪进行检测，所有模块都无法通信。

（2）通过分析得出故障可能原因

现象①：不论是打开车门还是踩下制动踏板，仪表都没有任何显示，车辆无法上电；说明仪表无法收到车辆其他模块信息，可能是音响主机（组合仪表）本身及线路故障，网关及线路故障。

现象②：用诊断仪进行检测，所有模块都无法通信；结合现象①，说明故障可能在网关及相关线路。

综上，故障可能原因：

1）网关本身故障。

2）网关供电故障。

（3）维修资料查阅

查阅电路图，网关相关电路如图 5-15 所示。

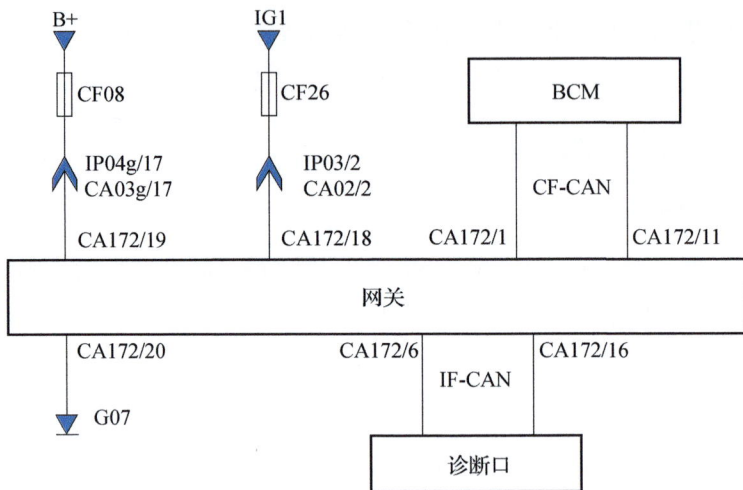

图 5-15　网关相关电路图

（4）过程数据记录

1）测量 CA172/19—CA172/20 电压，约为 0V，不正常；测量 CA172/19 对地电压，约为 0V，不正常。

2）测量 CF08 熔丝对地电压，约为 12V，正常。

3）断开蓄电池负极，拔下 CF08 熔丝和 CA172 插头，测量 CF08 熔丝下游—CA172/19 电阻，电阻值无穷大，不正常。

4）进一步拔下 CA03g 插头，测量 CA03g/17—CA172/19 电阻，电阻值无穷大，不正常，说明该段线路存在断路故障。

（5）故障点和故障类型

CA03g/17—CA172/19 线路断路。

（6）故障机理分析

由于网关常电断路，导致网关不工作，从而使得车辆信息无法发送到仪表。

四、小结

吉利几何 G6 低压上电部分，以 BCM 为核心，涉及网关、CAN 线、制动开关、虚拟启动按钮、各供电继电器、天线、钥匙等。该部分控制逻辑性较强，需要结合控制原理和故障现象，有效地缩小故障范围，快速准确地锁定故障点。该车通过踩下制动踏板或按下位于中控大屏的虚拟启动按钮，均可接通电源，这也可以在故障诊断中用于辅助判断。

第三节 吉利几何 G6 高压不上电故障诊断

一、控制原理分析

吉利几何 G6 高压上电过程原理如图 5-16 所示。

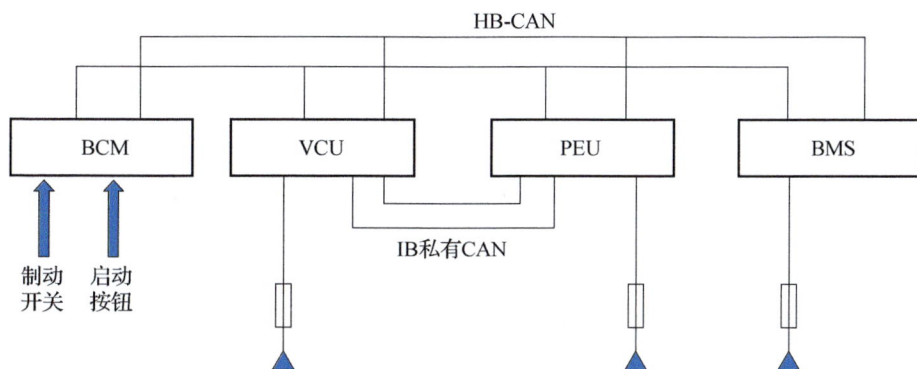

图 5-16　吉利几何 G6 高压上电过程原理图

二、诊断分析思路

根据高压上电控制流程，要使车辆能够正常上高压，需要 VCU、BMS、PEU 等模块本身及供电和通信正常，动力电池本身及相关检测、控制电路正常。在对高压系统进行诊断时，在观察现象的基础上，需要更多地结合诊断仪检测的故障码、数据流进行综合分析。

动力电池是高压上电的核心部分，安装在车体下部。动力电池的组成部件包括各模组总成、单体采集系统（CSC）、电池高压分配单元（B-BOX）、动力电池管理系统（BMS）等。BMS 能对动力电池总电压、总电流、电池单体电压及每个测点温度进行实时监控并进行诊断，能进行 SOC 值计算、绝缘监控、短路保护、警告显示、充放电模式选择等。BMS 可以将动力电池相关参数发送给 VCU，并由 VCU 对动力电池进行相应控制。

三、故障点分析

1. PEU 供电故障

（1）故障现象描述

1）接通电源，仪表点亮系统故障灯，同时显示"防盗认证失败"，如图 5-17 所示，无法上高压。

图 5-17　仪表点亮系统故障灯，同时显示"防盗认证失败"

2）用诊断仪进行检测，PEU 无法通信，VCU 等控制单元存储"与电机控制器失去通信"故障，如图 5-18 所示。

故障码	状态	描述
吉利汽车 > 手动选择车型 > 控制单元 > VCU（整车控制器）> 故障码		
	故障码	
P1C3B00	故障码/当前故障码	电子稳定程序报故障
U011087	故障码/当前故障码	与电机控制器失去通信
P1C8A87	故障码/当前故障码	与私有 CAN 电机控制器失去通信
P1C3C96	故障码/当前故障码	牵引力控制系统（TCS）报故障
P1C4296	故障码/当前故障码	车速信号警告故障

图 5-18　VCU 存储"与电机控制器失去通信"故障

（2）通过分析得出故障可能原因

现象①：接通电源，仪表点亮系统故障灯，同时显示"防盗认证失败"，无法上高压；

说明高压系统存在异常，且与上电过程中防盗认证相关。

现象②：用诊断仪进行检测，PEU 无法通信，VCU 等控制单元存储"与电机控制器失去通信"故障；说明故障可能在电机控制器相关部分。

综上，故障可能原因：

1）PEU 本身故障。

2）PEU 供电故障。

3）PEU 通信故障。

（3）维修资料查阅

查阅电路图，PEU 相关电路如图 5-19 所示。

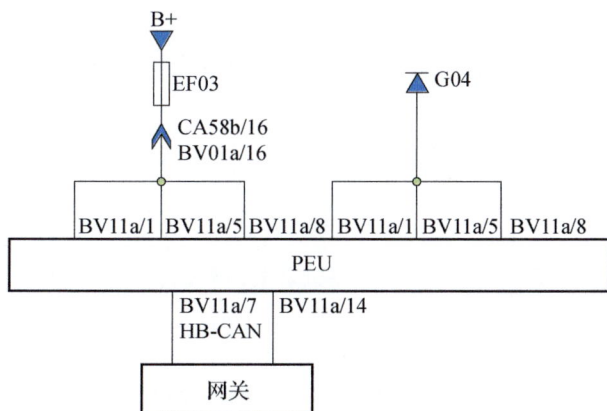

图 5-19　PEU 相关电路图

（4）过程数据记录

1）测量 BV11a/1（或 BV11a/5 或 BV11a/8）对地电压，约为 0V，不正常。

2）测量 EF03 熔丝下游对地电压，约为 0V，不正常；测量 EF03 熔丝上游对地电压，约为 12V，正常。

3）拔下 EF03 熔丝，测量熔丝电阻，电阻值无穷大，不正常，说明熔丝已熔断。

4）断开蓄电池负极，测量 EF03 下游对地电阻，电阻值无穷大，正常。

（5）故障点和故障类型

EF03 熔丝损坏。

（6）故障机理分析

由于 PEU 供电故障，导致出现无法上高压故障。

2. VCU 供电故障

（1）故障现象描述

1）踩下制动踏板，电源可接通，仪表上系统故障灯闪烁，高压不上电。

2）用诊断仪进行检测，VCU 无法通信，多个控制单元存储与整车控制器失去通信故障，如图 5-20 和图 5-21 所示。

吉利汽车 > 手动选择车型 > 控制单元 > 网关(GW) > 故障码		🌐 VCU 🔋 🔋 12.6
故障码		
故障码	状态	描述
U111487	故障码/当前故障码	与整车控制器高压 CAN 总线（VCU_HBCAN）失去通信
U112287	故障码/当前故障码	与整车控制器底盘安全 CAN 总线（VCU_CSCAN）失去通信

图 5-20 网关存储与整车控制器失去通信故障

吉利汽车 > 手动选择车型 > 控制单元 > IPU（集成动力单元）> 故障码		🌐 VCU 🔋
故障码		
故障码	状态	描述
U111487	故障码/当前故障码	与整车控制器丢失通信
U029300	故障码/当前故障码	车辆控制单元（VCU）通信丢失（OBD）（0x162）

图 5-21 集成动力单元存储与整车控制器失去通信故障

（2）通过分析得出故障可能原因

现象①：踩下制动踏板，电源可接通，仪表上系统故障灯闪烁，高压不上电；说明低压可以上电，但高压系统存在异常。

现象②：用诊断仪进行检测，VCU 无法通信，多个控制单元存储与整车控制器失去通信故障；说明 VCU 本身及供电通信可能存在异常。

综上，故障可能原因：

1）VCU 本身故障。

2）VCU 供电故障。

3）VCU 通信故障。

（3）维修资料查阅

查阅电路图，VCU 相关电路如图 5-22 所示。

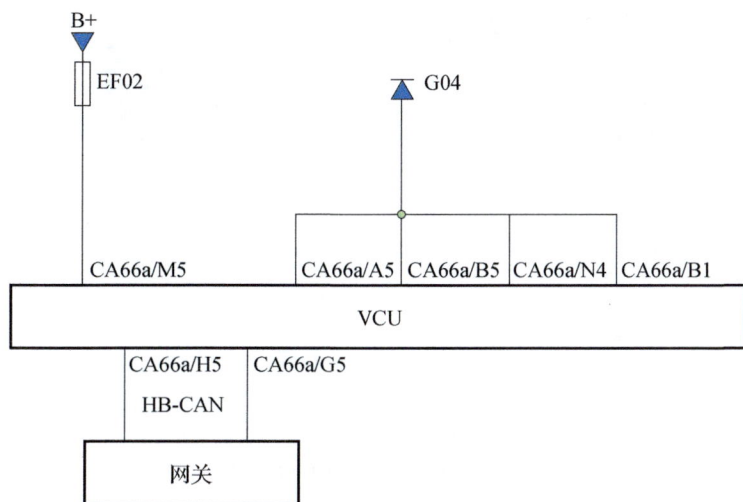

图 5-22　VCU 相关电路图

（4）过程数据记录

1）测量 CA66a/M5 对地电压，约为 0V，不正常。

2）测量 EF02 熔丝下游对地电压，约为 0V，不正常；测量 EF02 熔丝上游对地电压，约为 12V，正常。

3）拔下 EF02 熔丝，测量熔丝电阻，电阻值无穷大，不正常，说明熔丝已熔断。

4）断开蓄电池负极，测量 EF02 下游对地电阻，约为 0Ω，不正常；拔下 CA66a 插头，电阻值依然约为 0Ω，说明 CA66a/M5—EF02 下游线路存在对地短路故障。

（5）故障点和故障类型

CA66a/M5—EF02 下游线路对地短路、EF02 熔丝损坏。

（6）故障机理分析

由于 VCU 供电线路故障，导致 VCU 不工作，从而出现上述故障现象。

3. BMS 供电故障

（1）故障现象描述

1）踩下制动踏板，电源可接通，动力电池电量不显示，无法上高压，如图 5-23 所示。

2）用诊断仪进行检测，VCU 存储故障"U011287 与高压电池模块丢失通讯"，如图 5-24 所示。

图 5-23　仪表上动力电池电量不显示

图 5-24　VCU 存储故障"U011287 与高压电池模块丢失通讯"

（2）通过分析得出故障可能原因

现象①：踩下制动踏板，电源可接通，动力电池电量不显示，无法上高压；说明高压系统存在异常，又因为动力电池电量不显示，可能动力电池本身及控制器或线路故障。

现象②：用诊断仪进行检测，VCU 存储故障"U011287 与高压电池模块丢失通讯"；说明 BMS 本身及供电通信可能存在异常。

综上，故障可能原因：

1）BMS 本身故障。

2）BMS 供电故障。

3）BMS 通信故障。

（3）维修资料查阅

查阅电路图，BMS 相关电路如图 5-25 所示。

（4）过程数据记录

1）测量 CA69/1 对地电压，约为 0V，不正常；测量 CA119/H1 对地电压，约为 12V，正常。

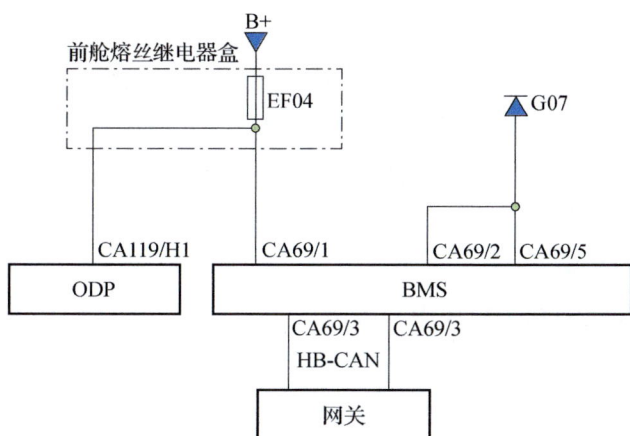

图 5-25　BMS 相关电路图

2）断开蓄电池负极，分别拔下 CA69 和 CA119 插头，拔下 EF04 熔丝，测量 EF04 下游—CA69/1 电阻，电阻值无穷大，不正常；测量 EF04 下游—CA119/H1 电阻，约为 0Ω，正常。

（5）故障点和故障类型

CA69/1—EF04 下游节点线路断路。

（6）故障机理分析

由于 BMS 供电线路断路，导致 BMS 不工作，从而出现上述故障现象。

4. 高压互锁故障

（1）故障现象描述

1）接通电源，仪表点亮系统故障灯，无法上高压。

2）用诊断仪进行检测，VCU 存储 "P1C4096 高压互锁故障"，如图 5-26 所示，读取 VCU 内数据流，显示 "高压互锁状态错误"。

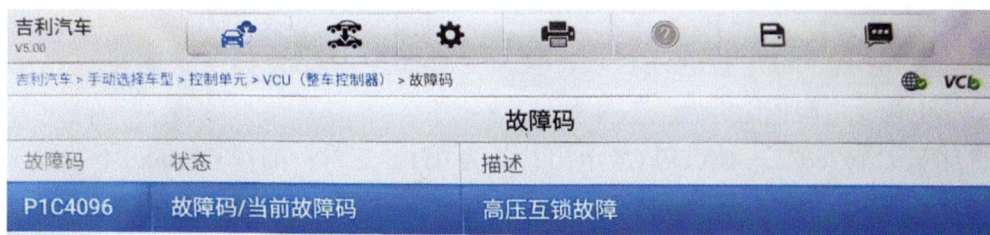

图 5-26　VCU 存储 "P1C4096 高压互锁故障"

（2）通过分析得出故障可能原因

现象①：接通电源，仪表点亮系统故障灯，无法上高压；说明高压系统存在异常。

现象②：用诊断仪进行检测，VCU 存储"P1C4096 高压互锁故障"，读取 VCU 内数据流，显示"高压互锁状态错误"；说明高压互锁可能存在异常。

综上，故障可能原因：

1）高压互锁线路故障。

2）高压互锁所连接的相关模块内部故障。

3）VCU 局部故障。

（3）维修资料查阅

查阅电路图，高压互锁相关电路如图 5-27 所示。

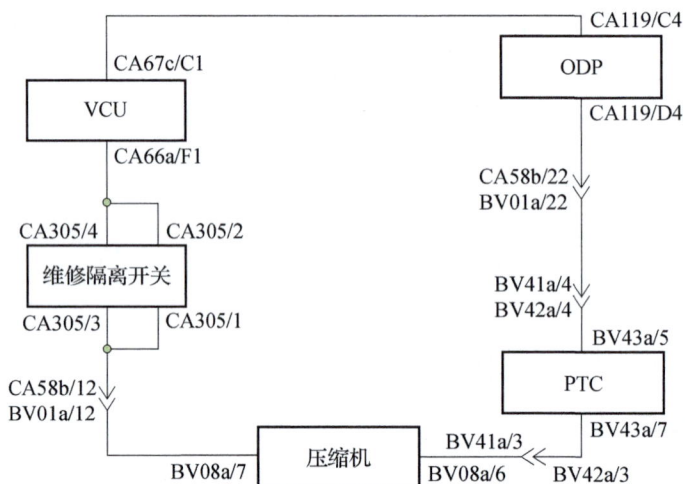

图 5-27　高压互锁相关电路图

（4）过程数据记录

1）接通电源，分别测量 CA67c/C1、CA66a/F1 对地电压，分别约为 1V 和 11V，不正常。

2）关闭电源，断开蓄电池负极，拔下 CA67c 和 CA66a 插头，测量 CA67c/C1—CA66a/F1 电阻，电阻值无穷大，不正常。

3）测量 CA67c/C1—CA119/C4 电阻，约为 0Ω，正常；测量 CA66a/F1—CA119/D4 电阻，约为 0Ω，正常；测量 ODP 侧 CA119/C4—CA119/D4 电阻，电阻值无穷大，不正常，检查 ODP 上各高压插接器，插接良好，逐个拔下后检查插头上互锁端子正常，说明 ODP 内部高压互锁存在故障。

（5）故障点和故障类型

ODP 内部高压互锁断路。

（6）故障机理分析

由于高压互锁断路，导致 VCU 不指令高压上电。

5. 主继电器相关故障

（1）故障现象描述

1）接通电源，仪表点亮系统故障灯，无法上高压。

2）用诊断仪进行检测，VCU 存储"P1C0852 主继电器故障"，如图 5-28 所示。

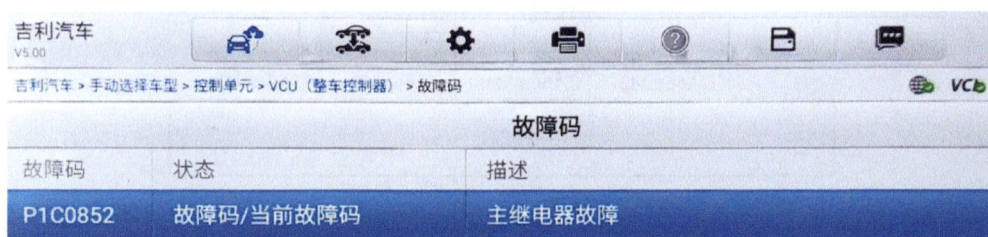

图 5-28　VCU 存储"P1C0852 主继电器故障"

读取 VCU 内数据流，显示"ECU 供电电压 0.1V"，如图 5-29 所示。

图 5-29　VCU 内数据流显示"ECU 供电电压 0.1V"

（2）通过分析得出故障可能原因

现象①：接通电源，仪表点亮系统故障灯，无法上高压；说明高压系统存在异常。

现象②：用诊断仪进行检测，VCU 存储"P1C0852 主继电器故障"；读取 VCU 内数据流，显示"ECU 供电电压 0.1V"；说明主继电器及相关线路可能存在故障。

综上，故障可能原因：

1）主继电器本身故障。

2）主继电器相关线路故障。

3）VCU 局部故障。

（3）维修资料查阅

查阅电路图，主继电器相关电路如图 5-30 所示。

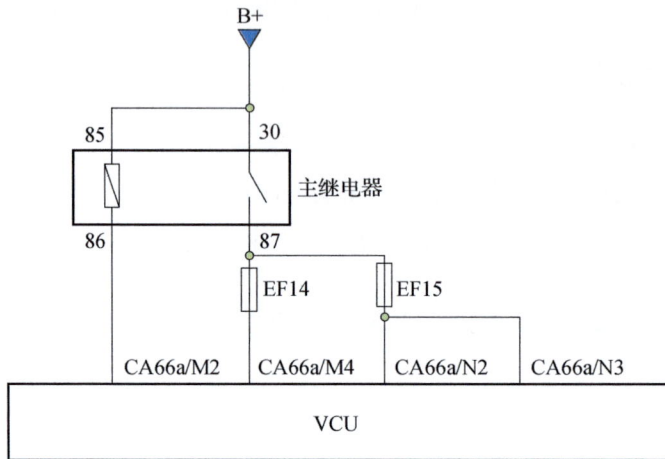

图 5-30　主继电器相关电路图

（4）过程数据记录

1）接通电源，分别测量 EF14、EF15 熔丝对地电压，均约为 0V，不正常。

2）关闭电源，拔下主继电器，测量主继电器上 85#—86# 电阻，约为 90Ω，正常，给主继电器 85# 和 86# 之间通电，测量主继电器上 30#—87# 电阻，约为 0Ω，正常。

3）断开蓄电池负极，拔下 CA66a 插头，测量主继电器座 86#—CA66a/M2 电阻，电阻值无穷大，不正常，说明该段线路存在断路故障。

（5）故障点和故障类型

主继电器座 86#—CA66a/M2 线路断路。

（6）故障机理分析

由于主继电器线圈控制线断路，导致主继电器不工作，从而出现上述故障现象。

四、小结

吉利几何 G6 高压上电部分，以整车控制器（VCU）为核心，涉及动力电池管理系统（BMS）、电机控制器（PEU）、电池包、HB-CAN 网、高压互锁、主继电器等。对于高压上电故障的诊断，除通过故障现象初步进行判断，主要是通过故障码，结合相关数据流来快速地锁定故障范围。

第四节 吉利几何 G6 交流充电系统故障诊断

一、控制原理分析

吉利几何 G6 交流充电系统相关结构原理如图 5-31 所示。

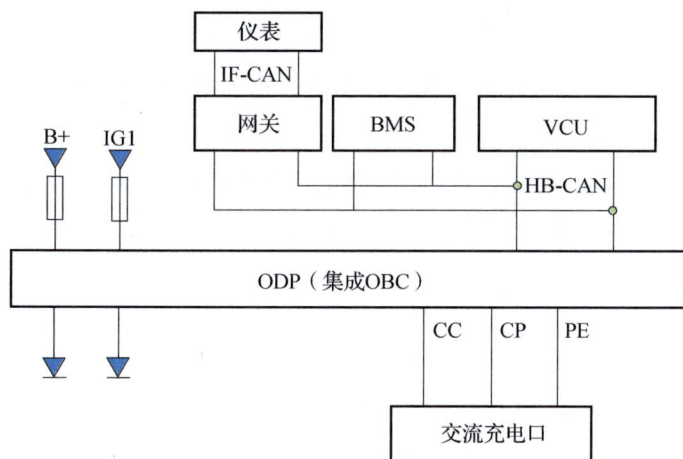

图 5-31 吉利几何 G6 交流充电系统相关结构原理图

插入充电枪后，CC 信号发送给 ODP，ODP 被唤醒，并检测 CP 信号。同时 ODP 通过 HB-CAN 唤醒整车控制器（VCU）、动力电池管理系统（BMS），ODP 将 CC/CP 信号发送给 VCU，同时 VCU 通过 HB-CAN 将充电连接信号发送给网关，网关再通过 IF-CAN 将信号发送给仪表。VCU 收到 BMS 发出的高压互锁状态为闭合、SOC<100% 以及车辆 EPB 或 P 位锁止时，向 BMS 发送充电允许信号，然后 BMS 同时闭合主正继电器以及主负继电器，开始充电。同时 VCU 将充电状态信号发送给仪表，仪表显示相应充电状态。

二、诊断分析思路

根据交流充电控制流程，要正常完成交流充电，需要充电枪及电网正常，交流充电口到 ODP 相关线路正常，ODP 及其线路正常，VCU 及其线路正常，网关及其线路正常。在诊断交流充电故障时，首先要确认车辆能正常上高压电，后续的故障点分析，都是基于高压上电正常来梳理。

三、故障点分析

1. CC 线路故障

（1）故障现象描述

1）插入充电枪，仪表充电指示灯不亮，也无其他任何反应，车辆无法充电。

2）用诊断仪进行检测，无故障存储，读取 OBC 数据流，显示"充电枪连接检测：充电枪未连接"。

（2）通过分析得出故障可能原因

现象①：插入充电枪，仪表充电指示灯不亮，也无其他任何反应，车辆无法充电；说明充电枪到 ODP 存在异常。

现象②：用诊断仪进行检测，无故障存储，读取 OBC 数据流，显示"充电枪连接检测：充电枪未连接"；说明 OBC（集成在 ODP 内）整体正常，充电连接信号（CC）可能存在异常。

综上，故障可能原因：

1）充电枪故障。

2）充电口到 ODP 的 CC 线路故障。

3）ODP 局部故障。

（3）维修资料查阅

查阅电路图，CC 相关电路如图 5-32 所示。

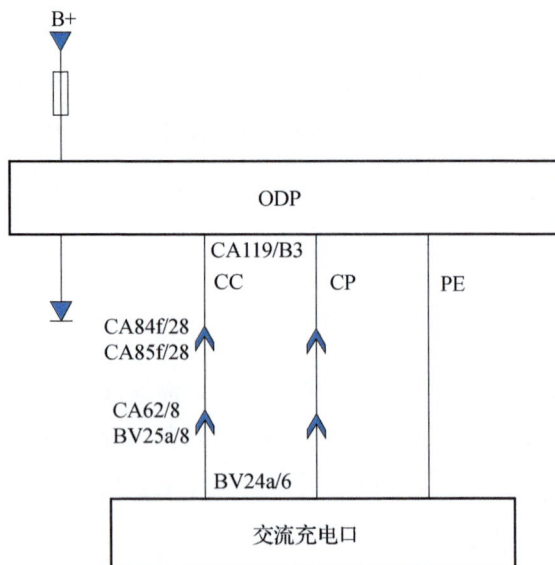

图 5-32　CC 相关电路图

（4）过程数据记录

1）测量 BV24a/6 对地电压，约为 0V，不正常；测量 CA119/B3 对地电压，约为 3.5V，正常。

2）断开蓄电池负极，分别拔下 BV24a 和 CA119 插头，测量 BV24a/6—CA119/B3 电阻，电阻值无穷大，不正常。

3）进一步拔下 BV25a 插头，测量 BV25a/8—BV24a/6 电阻，电阻值无穷大，不正常，说明该段线路存在断路故障。

（5）故障点和故障类型

BV25a/8—BV24a/6 线路断路。

（6）故障机理分析

由于 CC 线路存在断路故障，导致插入充电枪后，OBC 无法感知到 CC 端的变化，从而仪表充电指示灯不亮，车辆无法充电。

2. CP 线路故障

（1）故障现象描述

1）充电枪一端连接电网，另一端插入交流充电口，仪表充电指示灯正常点亮，但无其他反应，车辆无法充电，如图 5-33 所示。

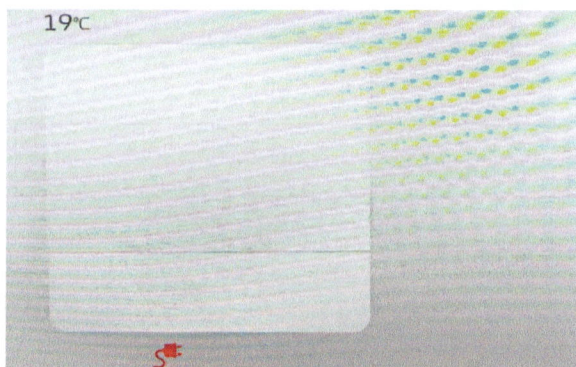

图 5-33　仪表充电指示灯点亮

2）用诊断仪进行检测，无故障存储，读取 OBC 数据流，显示"控制引导电路充电功率检测：无交流电源连接"，如图 5-34 所示。

（2）通过分析得出故障可能原因

现象①：充电枪一端连接电网，另一端插入交流充电口，仪表充电指示灯正常点亮，但无其他反应，车辆无法充电。

图 5-34　OBC 数据流显示"控制引导电路充电功率检测：无交流电源连接"

现象②：用诊断仪进行检测，无故障存储，读取 OBC 数据流，显示"控制引导电路充电功率检测：无交流电源连接"。

综上，故障可能原因：

1）充电枪故障。

2）充电口到 ODP 的 CP 线路故障。

3）ODP 局部故障。

（3）维修资料查阅

查阅电路图，CP 相关电路如图 5-35 所示。

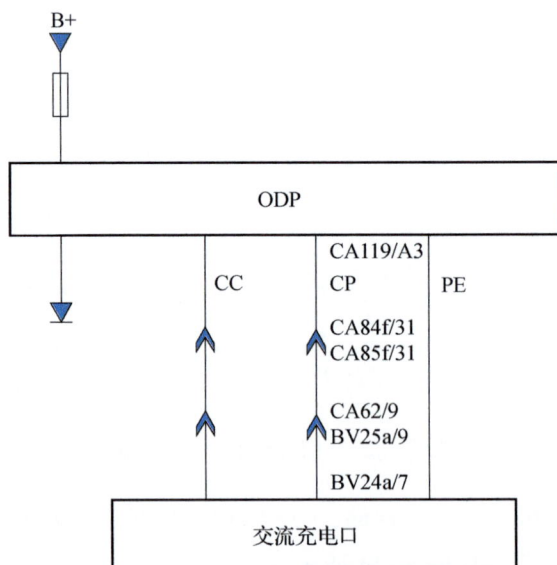

图 5-35　CP 相关电路图

（4）过程数据记录

1）将充电枪插入电网，测量枪端 CP 与 PE 之间电压，约为 12V，正常。

2）将充电枪插入交流充电口，测量 CA119/A3 对地电压，约为 0V，不正常；测量 BV24a/7 对地电压，约为 12V，正常。

3）拔下充电枪，断开蓄电池负极，分别拔下 CA119 和 BV24a 插头，测量 CA119/A3—BV24a/7 电阻，电阻值无穷大，不正常。

4）进一步拔下 CA62 插头，测量 CA62/9—CA119/A3 电阻，电阻值无穷大，不正常；拔下 CA84f 插头，测量 CA84f/31—CA119/A3 电阻，电阻值无穷大，不正常，说明该段线路存在断路故障。

CA119/A3 针脚位置如图 5-36 所示。

图 5-36　CA119/A3 针脚位置图

（5）故障点和故障类型

CA84f/31—CA119/A3 线路断路。

（6）故障机理分析

由于 CP 线路断路，导致仪表充电指示灯可以点亮，但无法充电。

四、小结

吉利几何 G6 交流充电部分，以车载充电机（OBC 集成在 ODP 内部）为核心，涉及交流充电口、交流充电枪等。在对交流充电系统诊断过程中，重点观察仪表上充电指示灯情况，用以初步判断是充电连接信号（CC）相关部分的问题还是控制导引信号（CP）相关部分的问题。

第五节 吉利几何 G6 舒适系统故障诊断

一、控制原理分析

吉利几何 G6 车窗系统相关结构原理如图 5-37 所示。

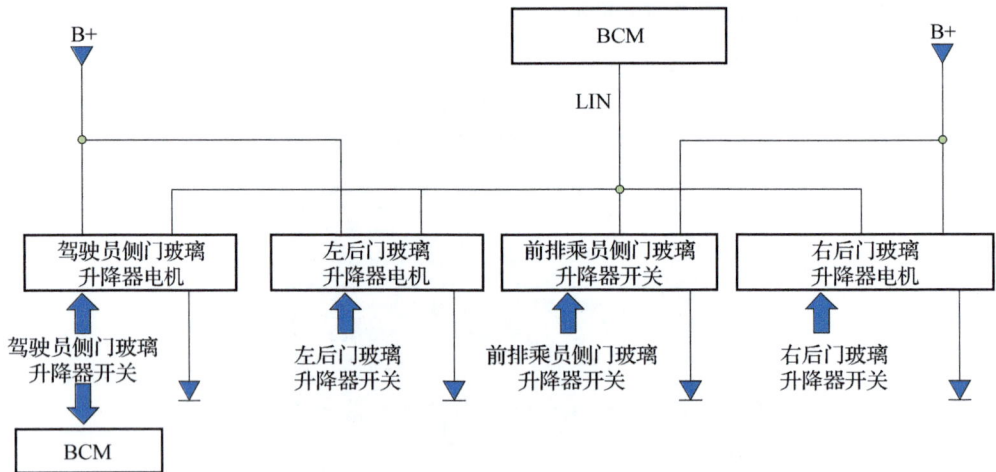

图 5-37　吉利几何 G6 车窗系统相关结构原理图

　　驾驶员侧门玻璃升降器开关上集成有四个车窗的升降开关，接通电源后，按下驾驶员侧门玻璃升降器开关上的左前门玻璃升降器开关，信号发送给驾驶员侧门玻璃升降器电机模块，模块控制电机动作。按下驾驶员侧门玻璃升降器开关上对应的左后、前排乘员侧、右后玻璃升降器开关，信号发送给 BCM，BCM 通过 LIN 线将信号发送给相应的玻璃升降器电机模块，模块控制相应电机动作。另外，左后、前排乘员侧、右后车门上有各自的玻璃升降器开关，按下相应的开关，信号发送给对应的玻璃升降器电机模块，模块控制相应电机动作。各玻璃升降器电机模块工作电源信号由 BCM 通过 LIN 线传输。

　　吉利几何 G6 中控系统相关结构原理如图 5-38 所示。

　　四个车门锁和行李舱盖锁都由 BCM 控制，当电源关闭，所有车门和行李舱盖关闭，按下遥控钥匙上闭锁 / 解锁按钮，遥控信号发送给 BCM，BCM 控制四个车门落锁 / 解锁。另外还可以通过集成在驾驶员侧门玻璃升降器开关内的门锁开关进行控制，门锁开关信号发送给 BCM，BCM 控制四个车门落锁 / 解锁。在车辆未落锁时，按下行李舱盖锁开关时，行李舱盖被打开。

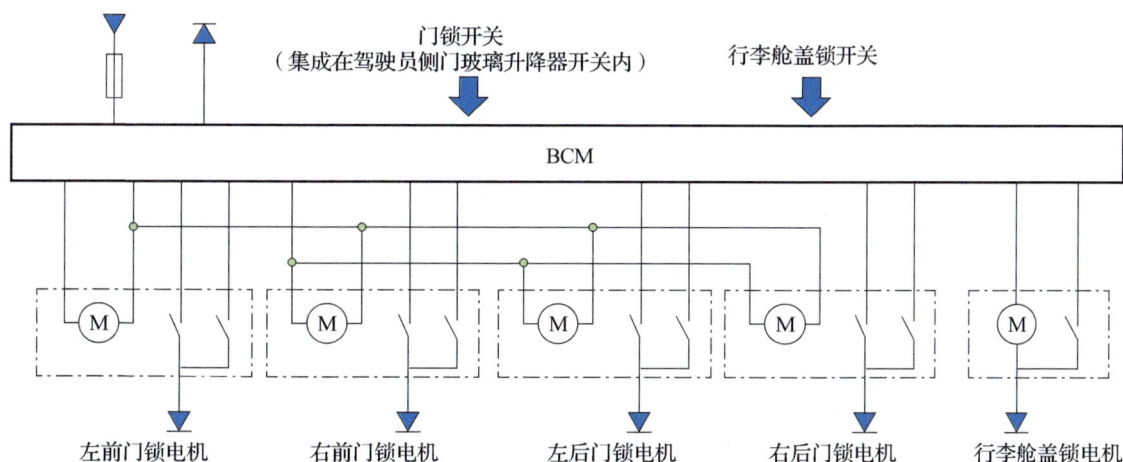

图 5-38　吉利几何 G6 中控系统相关结构原理图

二、诊断分析思路

根据车窗系统控制流程，要使车窗正常工作，需要各车门玻璃升降器电机模块及线路正常，各车窗开关及线路正常，BCM 正常，LIN 线正常。该车驾驶员侧门玻璃升降器开关上左前车门玻璃升降器开关信号直接传输给对应的玻璃升降器电机模块，其他车门玻璃升降器开关信号发送给 BCM，由 BCM 通过 LIN 传输给相应的玻璃升降器电机模块。

根据中控系统控制流程，要使门锁正常工作，需要各车门门锁电机及线路正常，BCM 正常，门锁开关正常。通过遥控和门锁开关互相验证，可以有效缩小故障范围。

三、故障点分析

1. 车窗 LIN 线相关故障

（1）故障现象描述

接通电源，按下驾驶员侧门玻璃升降器开关上的各车窗开关，所有车窗都无法工作。按下其他车门上的玻璃升降器开关，也无法控制各自的车窗工作。

（2）通过分析得出故障可能原因

现象：接通电源，按下驾驶员侧门玻璃升降器开关上的各车窗开关，所有车窗都无法工作；按下其他车门上的玻璃升降器开关，也无法控制各自的车窗工作；基于一般不会多个模块或元件同时损坏，主要考虑连接的 LIN 线存在异常。

综上，故障可能原因：

1）LIN 线线路故障。

2）BCM 局部故障。

3）某个玻璃升降器电机模块内部故障。

（3）维修资料查阅

查阅电路图，车窗 LIN 线相关电路如图 5-39 所示。

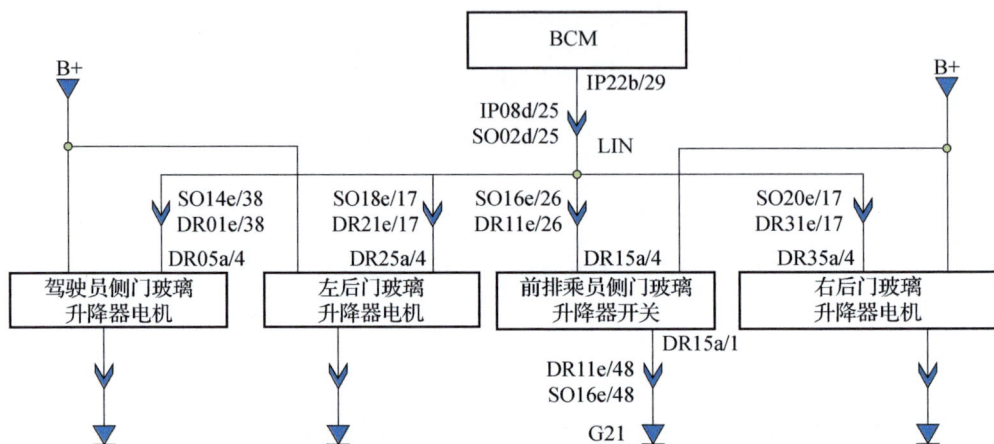

图 5-39　车窗 LIN 线相关电路图

（4）过程数据记录

1）接通电源，测量 IP22b/29 对地电压，约为 0V，不正常。

2）分别测量 DR05a/4、DR25a/4、DR15a/4、DR35a/4 对地电压，均约为 0V，不正常。

3）关闭电源，断开蓄电池负极，拔下 IP22b 插头，测量 IP22b/29 对地电阻，约为 0Ω，不正常。

4）逐个拔下 DR05a、DR25a、DR15a、DR35a 插头，测量 IP22b/29 对地电阻，始终约为 0Ω，不正常。

5）继续测量 IP22b/29 对地电阻，同时逐个拔下 SO14e、SO18e、SO16e 插头，当拔下 SO16e 插头时，IP22b/29 对地电阻变为无穷大，说明后部存在短路故障。

6）进一步测量 DR11e/26—DR15a/4 与 DR15a/1—DR11e/48 电阻，约为 0Ω，说明这两段线路存在互短故障。

（5）故障点和故障类型

DR11e/26—DR15a/4 与 DR15a/1—DR11e/48 线路互短。

（6）故障机理分析

由于车窗 LIN 线在前排乘员侧门处对地短路，导致 LIN 线故障，BCM 与各玻璃升降器电机模块之间无法通信，无法传输工作电源信号和各控制信号，从而出现上述故障现象。

2.行李舱盖开关相关故障

（1）故障现象描述

1）按下行李舱盖上的行李舱盖开关，行李舱盖无法打开，也无电机解锁的声音。

2）长按遥控钥匙上的行李舱盖解锁按钮，行李舱盖可以正常打开。

（2）通过分析得出故障可能原因

现象①：按下行李舱盖上的行李舱盖开关，行李舱盖无法打开，也无电机解锁的声音；可能是行李舱盖开关故障，行李舱盖电机故障，BCM故障，相关线路故障。

现象②：长按遥控钥匙上的行李舱盖解锁按钮，行李舱盖可以正常打开；说明行李舱盖电机及线路正常、BCM控制正常，故障可能在行李舱盖开关及线路，或BCM局部故障。

综上，故障可能原因：

1）行李舱盖开关故障。

2）行李舱盖开关线路故障。

3）BCM局部故障。

（3）维修资料查阅

查阅电路图，行李舱盖开关相关电路如图5-40所示。

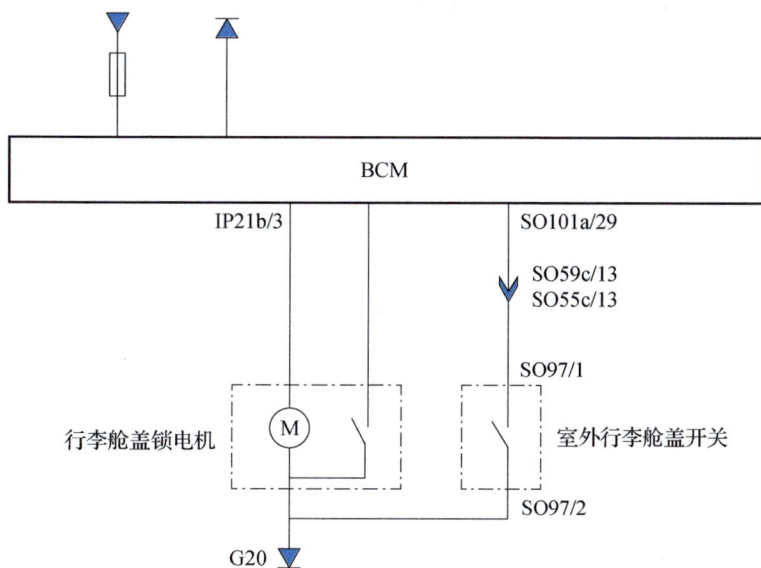

图5-40 行李舱盖开关相关电路图

（4）过程数据记录

1）测量SO101a/29对地电压，约为12V，正常；按下行李舱盖开关，测量SO101a/29

对地电压，依然约为 12V，不正常。

2）按下行李舱盖开关，测量 SO97/1 对地电压，约为 12V，不正常；测量 SO97/2 对地电压，约为 0V，正常。

3）拔下 SO97 插头，测量行李舱盖开关上 SO97/1—SO97/2 电阻，不论是否按下行李舱盖开关，电阻值都为无穷大，不正常，说明行李舱盖开关本身损坏。

（5）故障点和故障类型

行李舱盖开关本身损坏。

（6）故障机理分析

由于行李舱盖开关本身损坏，导致按下行李舱盖开关，无法打开行李舱盖。

四、小结

吉利几何 G6 舒适系统部分，车窗系统和中控系统都以 BCM 为核心，涉及车窗开关、车窗升降器电机、门锁电机、行李舱盖锁电机等。左侧车门玻璃升降器电机模块和右侧车门玻璃升降器电机模块分别通过两个熔丝供电，当其中一个熔丝损坏时，相应侧的两个车门玻璃升降器都不工作。LIN 线由 BCM 输出，同时连接四个车门玻璃升降器电机模块。如 LIN 线存在对地短路或在 BCM 侧断路等故障，则所有车门玻璃升降器电机均不工作，如 LIN 线在某个车门玻璃升降器电机模块侧断路，则相应车门玻璃升降器电机不工作。